金持ち還暦 貧乏還暦

中野 博 Hiroshi Nakano

未来生活研究所

一粒万倍
笑門来福
愛

Hiroshi
Nakano

還暦力《カンレキリョク》

Power of Master Tokiyomi

（時読み®）

60歳で定年？
隠居？
引退？
オワコン（人生終わり）？
俺はこんな常識をぶっ壊す！

60歳からが人生は本番だぜィ！
それを俺が見せてやる！
60歳で還暦って、
メチャ重要な意味があるのに、
何が赤いチャンチャンコだ！
バカバカしい。
還暦の意味を知らない日本人に
この本で教えるよ！

はじめに

2024年7月29日。私、中野博は60歳の誕生日を迎えました。本書の出版日も60歳の誕生日に合わせました。

あなたは60歳というと、何をイメージしますか？

世間一般では還暦です。赤いチャンチャンコを着てお祝いする風習が日本にはあります。

さて、ここで問題です。

なぜ、日本人は還暦を祝うのでしょうか？

還暦の意味について深く考えたことはありますか？　なぜ60歳を還暦と呼び祝うのか、知っていますか？

わからない方も多いでしょう。それもそのはず。あのGHQに支配された戦後の教育改革で、還暦を祝う本質を、日本人は学ぶことがなくなりました。いつしか、長寿の入り口に立ったということで、赤いチャンチャンコを着て祝う、というねじ曲げられたイメージだけが残り、還暦の意味と価値を知る人はほとんどいなくなりました。

では、答えを言いましょう。

還暦を祝う本質。それは、**人間としての60通りの命題**をクリア（体験）したことを祝うのです。いわゆる**一人前**。**還暦の本質は時読み®をマスター**したという意味です。しかし、日本人の99・9％は知りません。

「**十干十二支**《じっかんじゅうにし》」というのをご存知でしょうか？

十干は「甲、乙、丙・・・」の10種類です。

十二支は「子、丑、寅・・・」12種類です。

その組み合わせが60通りあり、**60年の人生をもってひとまわりするのです**。

これを**【干支《えと・かんし》】**と言います。そして、干支それぞれに意味と命題があります。

昔は、60の干支が持つテーマを全て一通り体験して、人間として豊かで魅力ある存在になったことを祝うために、還暦があったのです。

はじめて聞いた方もいますか？

60の干支の命題とは、**人生における試練**であり、人が豊かに生きるための最低条件です。全ての干支を体験した人は、気品と尊厳に溢れていて、人として学ぶべきことをひと通りおこなった人なのです。


現代の60歳のほとんどが、干支の意味を知らずに生きてきたのではないでしょうか。だから、還暦といっても、人間的に成熟していない人がたくさんいます。でも心配はご無用。本書と出会ったあなたは、バッチリ深く干支を理解できますのでご安心ください。

60の干支の意味を知って、それぞれのメッセージを感じ取りましょう。まだ60歳になっていない人は、還暦を迎えたとき、ものすごく人間味溢れる素敵な60歳になっているはずです。

人は60歳になると「もう歳だから」と夢をあきらめがちです。でも、断言します！　**60歳からが人生の本番です！**　十干十二支の教えを一通り経験している60歳は強いのです。本書を読めば、まだまだ60歳、これからだ！　と思うはずです。

2024年は夢の時代ですので、ぜひ大きな夢を描いてほしいですね。その夢を叶える方法が「未来の扉®」です。

そして本書では、十干十二支を語る上で欠かせない「時読み®」の概念も教えます（第1章）。「時」を舐めてはいけません。【時を得るものは栄え、時を失うものは滅ぶ】という古代の偉人が残した言葉があります。

時を味方につければ、人力では考えられないスピードと効力で物事がうまくいようになります。しかし、時に逆らえば、何をやってもうまくいきません。つまり、努力も無駄になるわけです。

私は、「時読み®」を猛勉強して、その年々で起きることを、かなりの高い精度で予測することができるようになりました。毎年**「時読み®講座」**を11月23日に開催していますが、そこで発表する**【10大予測】**は、的中確率94％を誇ります。占い師もびっくりの確率ですよね。（笑）

今年（２０２４年）は、時読み的にいえば、**「甲辰《きのえたつ》、雷の三碧《さんぺき》」**です。雷の一撃にも似た圧倒的な衝撃が起き、波乱の一年になります。雷のように激しい事象が世界各地で起きるのです。１月１日、能登半島地震が起きました。それも時の暗示です。

２０２４年は１８０年に一度の激動の年。今から準備しておかないと間に合いません。未来に先回りすることで、豊かさを手に入れることができるでしょう。

「時読み®」は誰しもが自由に学ぶことができ、未来を高い精度で読み解くことができる唯一の手段です。

最後までしっかりと読んでもらえれば、きっとあなたも、時と友達になれること間違いなしです！

時と友達になれれば、あなたの未来は大繁栄ですからね！

さあ、一緒に十干十二支&ナインコードを理解して「時読み®」の概念を学び、人としての使命を果たしながら教養を高めましょう！

〈目次〉

第3章　十干と十二支の秘密……43

第4章　花鳥風月と「時読み」……79

おわりに

第1章

「時」ってなんだろう？

「時読み®」は占いではない「学問」である

十干十二支の本質を学ぶ前に、時の概念について知っておきましょう。

「中野先生、時読みって結局は占いみたいなものですか？」

塾生たちによく聞かれます。これは全くの勘違いです。

時読みとは、占いではなく、れっきとした学問です。

【易経《えききょう》】というのをご存知でしょうか？

古来中国にある、最古の学問です。

易の基本哲学は「陽極まれば陰生ず」「陰極まれば陽生ず」です。

冬の盛りに春を招き、夏の頂点が秋を呼ぶ。そんな、陰陽の二気が重なり頂点になった瞬間、反対の気を生じる。そうして世界は生まれるという概念となります。

もっと簡単に噛み砕いて話すと、易経の教えの本質は**「変化に敏感であれ」**ということです。

あなたは季節の変わり目を繊細に感じ取れていますか？　現代の日本人は、その忙しさに追いやられ、「変化」を感じ取る力が欠乏しています。変化を見逃すと、時代を先取る力を失うことはもちろん、気づいたときには、変化がもたらす事象によって大切なものさえ失ってしまいます。

占いでは、「吉」か「凶」の判定に重きを置きますが、「時読み®」は違います。東洋思想をもって社会の動きを事前に察知し、社会の動きにどう対処するかを学問的に学びます。良い、悪いではないのです。

未来の社会がもたらす現象に対して、どう賢く対応するかを知るために「時読み®」は存在します。

もともと易学は、現象の奥にひそむ「現象」を引き起こす原因が重要と考えられていました。それを「裏成《うらなり》」と言いました。しかし、日本の陰陽五行説者は、原因を解決するのはあまりに時間がかかるとして、「凶」の解決を図ったのです。ワザによって、幸福を作ろうとしたのです。

この策略によって、「裏成」はいつしか「占い」となって、鬼門、吉方位、呪術的なワザが生まれました。現象の原因を、学問的かつ科学的に解決しようとする「時読み®」は、どんどんと影を薄くしていったのです。

「時読み®」は人生なり

歴史が証明しているように、「時」を味方につければ、あらゆることが有利に運びます。たった一度の人生を有効に使い、楽しむためには、「時」の流れを事前に察知し、それに備え、対策を講じていくことが重要です。まさに、【「時読み®」は人生なり】なのです。

思えば、時読みを知らない人生は、それはもう悲惨でした。

一番に思い出すのが２００５年。当時の会社が大赤字になって破綻寸前まで追い込まれて、苦渋の選択として社員も減らしてしまいました。なぜ、そうなったのかって？　それは時を読まずに事業拡大を馬鹿みたいにやってしまったからです。41歳の時でした。

当時、会社は動画配信のサービスを展開していました。これからは動画の時代だ！と、どんどん設備投資をしてお金を使いました。今になって考えると動画を売りにしていたのは選択として間違っていなかったのですが、なにせ時期が悪かった。「２００５年から始まったある動画サービス」と聞いて、何かピンとくる方はいますか？

そう、YouTubeです。今ではこの中野も、YouTubeチャンネル登録者が３００万人近くになっていますが、２００５年当時は、まさか無料で動画を配信できるなんて「どんな手品を使ったんだ？」と思ったものです。顧客も無料で配信できるならYouTubeを使うと言ってきて、どんどん顧客は離れていきました。

残ったのは大量の設備投資に使った負債だけ。かなり焦りましたね。かつての中野はYouTubeを恨んだものです。（苦笑）

２００５年は「風の四緑」の年でした。風の四緑の年というのはブームが巻き起こりやすく、人の気持ちはすぐに移り変わるという特徴があります。しかも、ブームは遠方からやってくるという教えも。YouTube はアメリカ発ですので、もうこれにピッタリです。

何か得体の知れない巨大ブームが海外からやってくる。そう心構えをしていれば、大々的な設備投資はしなかったでしょうし、人の気持ちが移り変りやすいことがわかっていれば、顧客を離さないような囲い込みの施策もできたでしょう。

時を味方につけるつけないというのは、まさにこのことです。

２０２３年は四緑《しろく》の年でした。痛い目にあった四緑の年の教訓をずっと忘れていなかったので、この年は、顧客を囲い込むという意味で独自の動画プラットフォームの開発をして、どんどん際どい情報ばかりを流す「フロンティア」のサービスを始めました（開拓という意味で四緑の年にぴったりです）。

今年２０２４年は三碧《さんぺき》の年。そして、十干十二支は甲辰《きのえたつ》。何事もチャレンジが大切で、夢を叶えるには最高の一年。今年は考えるよりも行動ありきの一年です。このため中野は「未来の扉®」という独自のクラウドファンディングのプラットフォームをスタートさせたのです。

きっとあなたにも、大きな失敗がひとつや二つはあると思います。それは単に、時を味方につけられなかったからです。**時を味方につけられれば、**リスクから解放され、悩み事も一気になくなります。

さあ、激動の時代における今こそ、「時読み®」を学ぶ時です。

占いとは異なる、「時読み®」の学問を身に着けて、人生を謳歌してください。

時を読んで会社と家族を守れ

【時を読める力】があれば、攻めのタイミング、守りに徹するとき。いつ、何をすればベストな結果が出るのか？　それを事前に察知できます。

時の流れを暗示する〈運命の羅針盤〉を手に入れ、その扱い方を熟知していきましょう。運命の羅針盤とは、「十干」と「十二支」、そして世界最古の『易経』から導き出された**9code**（ナインコード）です。

「十干」×「十二支」×「9code」

このようにこの３つをかけ合わせることで、未来の展望は大きく開けます。

昔の「戦」は、現代の「経営」「家庭を守ること」と同じです。

【時】が読めれば、行動の指針がブレることはありません。
常に先読みをして、正しい一手を打つことが出来ます。
本書で迷いなく人生を進めてください。
きっと、成果へと結びつきます。

２０２４年は１８０年に一度の大激震の年！？

２０２４年は「甲辰　雷の三碧」の一年です。**新しい法則やルールが誕生するとき**で、社会は活力に満ち溢れ、勇気をもって奮い立つことで機運が回ってきます。そして、潜在化されていたものが、いよいよ社会に浸透し始め、新時代の本格的なスタートになる一年です。

そのとき、すさまじい衝撃が起きます。２０２４年は社会を揺るがす、大地を揺るがす巨大な衝撃波が世界を襲うのです。

それが具体的にどんなものなのか？

それは、２０２３年11月23日に開催した【時読み®講座２０２４】で詳しく解説しましたが、かつてない激動が待っています。その時の講義の内容を要約してご紹介しましょう。

時読み講座®2024
グレートリセットで変わる世界の時流と日本！
2024年「甲辰（きのえたつ）」の年に起こることは何か？
「時読み®講座」で明らかに！
https://miraia.co.jp/page-6222/

２０２４年が激動の一年になる理由。

それは、**「グレートリセット」**が起きることが決まっていることです。

グレートリセットとは、良い世界を作るために、社会の仕組みを刷新することを言います。

このグレートリセットが注目されている理由としては、世界情勢の改善に取り組む国際機関である「世界経済フォーラム（WEF）」が、２０１９年5月に開催したダボス会議のテーマとして設定したことからはじまりました。

誰もが今までに経験したことのない新型コロナウイルスの流行により、世界経済への影響が長引いたため、社会・経済システムを新しく構築しようとグレートリセットが話題になったのです。

このグレートリセット。実は、そんな生やさしいものではありません。

社会を良くするためというのは建前で、本当のところは、ディープステイト（世界を裏で牛耳る人々）が金を儲けるために仕組んだ大規模な改革です。

グレートリセットによって、彼らが大金を得るための仕組みが世界中で構築されていきます。

「政治のリセット」「金のリセット」。そして、「人のリセット」・・・。

２０２４年は、信じられない「まさか！？」の出来事が連続して起きるのです。

全てのはじまりをあらわす十干の「甲」。

魂を揺らしながら昇り進む「辰」。

雷のように激しく社会を変える「三碧」。

１８０年に一回の組み合わせによる激辛のトリプルアクセルによって、

２０２４年はかつてない激震の一年になることが決まっています。

知りたくもない事実もあるでしょう。

しかし、知っておかないとあなたは**情報弱者**になり、財産を搾取される側に確実に回ってしまいます。

そうならないためにも、【時読み®講座２０２４】を受講または動画を購入して学んでください。

２０２４年に起きる出来事を、全てお話ししています。

中でも衝撃なのが、中野博の１０大予想。その最初の予想があまりに衝撃的すぎて、会場が固唾を飲みました。２０２４年は思いもよらない、まさかの出来事が乱発します。

本書は２０２４年5月に書いていますが、4月17日に起きた四国での最大震度6の地震。あれもほぼ間違いなく人工地震でしょう。今年、もっと凄まじい●●を起こすための実験ですからね。

【時読み®講座】は、私が世界の専門機関やジャーナリストから仕入れた裏の情報を教えています。一般のマスコミは絶対に言わない、いわば闇の情報です。聞くのも覚悟がいりますが、知っておけば未来は明るいものになりますす。毎年１２００人以上が受講する大人気の講座で、先ほど述べた「10大予想」の的中率は94％です。

経営者もサラリーマンも絶対に受講してください。はじめての人はどんなものか恐る恐るかもしれませんが、騙されたと思って受講してみてください。大丈夫、必ずあなたの糧になる内容です。私を信じて、話を聞いてくださいね。

第2章

十干十二支で見る　あの日の出来事

十干十二支とナインコードからのメッセージを知れば、なぜ、あの日、あの出来事が起こったのかが、すぐにわかります。本章では、過去の起きた。いくつかの出来事について、十干十二支とナインコードの側面から解説していきます。

バブル崩壊
１９９１年　辛未《かのとひつじ》　九紫《きゅうし》

平成最初のショッキングな出来事と言えば、１９９１年に起きた「バブル崩壊」でしょう。１９８５年、アメリカとのプラザ合意から始まり、１９８６年〜１９９１年の間、「バブル経済」が続きました。

日本史上、空前の好景気。企業だけでなく、個人もどんどん銀行から融資を受け、ありとあらゆる土地を買いあさりました。その後、金融引き締め政策によって土地の価値が暴落。バブルが崩壊しました。

では、ここで考えてみましょう。

なぜ、この年にバブルが崩壊したのでしょうか？

バブルのはじけるタイミングは、何もこの年なくてもよかったはずです。実態なき土地価格の沸騰は、以前からシグナルは出ていました。なぜ崩壊はこの年だったのか？　その答えは、１９９１年はナインコードで「火の九紫」の年だったからです。しかも「辛」なので、つらい事を乗り越えて、新しい時代に向かう年の暗示でした。

バブル崩壊は、これまで続いていた「土地さえ買っておけば安泰」という「日本の土地神話」を払しょくしました。本来の価値に見合わない値段がついた土地。株価の異常な高騰。１９９０年に国が発動した金融引き締め政策から始まり、１９９１年の地価税法の施行によって、土地神話は終わったのです。

新型コロナの流行
2020年　庚子《かのえね》　七赤《しちせき》

2020年2月から、「新型コロナ」が大流行しました。緊急事態宣言も発令され、国民は外出や外部と接触を遮断されました。さて、このコロナ流行を予期していた人はいますか？

はい、私、中野博は予期していました。

なぜなら、2020年は「何か目に見えないモノが猛威を振るう」「外部との接触が難しくなる」「一時代が終わる」というメッセージが時の中に隠れていたからです。それを知っていたので、2019年のうちから、海外にある会社や学校をほぼすべて閉じたり、すべての講座をオンラインで見られるように動画のプラットフォームを開発してすでに利用していました。するとどうでしょう。時が変わった２０２０年２月、新型コロナが中国からやってきて、世界的パンデミックになりました。

では、聞きます。

もし、私が時読み学のプロでなければ、会社は倒産していたかもしれません。

もし、あなたが時読み学を駆使して先読みができていたら、あなたはどうしていましたか？　新型コロナのおかげで儲ける企業もたくさんありました。そこに投資していれば、あなたは莫大な利益が出ていました。

もちろん私は動画関連の株などを買って儲けさせてもらいましたよ。（笑）

時を味方につけていれば、こうした先読みもできるわけです

なお、２０２０年の十干十二支は**【庚子《かのえね》】**でした。庚子の年は、過去の清算、変化に痛みを伴う「反省」のある年です。

当時、世界では米中貿易戦争、イギリスのＥＵ脱退、イランや北朝鮮の核

開発問題など緊張が高まることばかりでした。

社会の課題や悪しき慣習を解決したり改善するとき、「反省」しながら痛みがどこかでやってくるのが「庚《かのえ》」の特徴です。

ロシアとウクライナの争い
2022年　壬寅《みずのえとら》　ガイアの五黄《ごおう》

2021年11月23日、この時開催していた「時読み講座®2022」で私はこう言いました。

「2022年2月4日以降、世界で戦争が起きる」と。

多分これを聞いた大部分の人は、「は？ 中野さん何言ってるの？」と、ほとんど信じなかったことでしょう。ですが、2022年がはじまりいざ蓋を開けてみると、とんでもないことが起きました。そう、ロシアのウクライナ侵攻です。

戦争を予言する人なんて世の中探しても、多分、私ぐらいでしょう。

ではなぜ、当てられたのか？

それは、２０２２年は「ガイアの五黄」の波動が流れていて、**「破壊と創造」**の年だったからです。五黄の年には、天地がひっくり返るぐらいの破壊が世界中で起きます（２０２２年２月に起こったトルコの大地震もそう）。

さらに言えば、翌年の２０２３年は「風の四緑」の年なので、「陰謀と策略」によって、世界が水面下で荒れる年。ならば、前年の２０２２年には破壊が来ると踏み、『時読み講座®２０２２』で堂々と宣言したわけです。

過去のデータを見ても、五黄の年にはすざましい破壊が起きていることがわかります。

五黄の年にどんな破壊があったのか？

あなたの記憶をたどって、思い返してみましょう。

私たちの「時読み®講座」では、「時読み®年表」を毎年配布して、受講生に歴史をも学んでもらっています。

さて、投資の話になりますが、私は戦争が起きることを予見していたので、戦争が起きることで利益を得る会社の株を事前に買っておきました。本書は投資の本ではないので何を買ったかまでは言いませんが、気になる人は私の投資の講座で学んでください。そこに答えがあります。

東日本大震災
2011年　辛卯《かのとう》　湖の七赤《しちせき》

２０１１年3月11日、忘れもしない「あの日」が来ました。そう、東日本大震災です。実は今だから言いますが、この年（２０１１年）は「東日本で危険なことが起きるので近づくな」という時の暗示がありました。

２０１１年は、十干では**「辛《かのと》」**。ナインコードでは「湖の七赤」の年でした。辛というのは、それはそれは**「辛《つら》い出来事」**が起きる一年という傾向があり、世界的な危機に陥ることも辛の年です。１９９１年のバブル崩壊と同じですね。

少し小難しい話になりますが、「辛」は字形が丄（じょう）と干と一を組み合わせた形になっているため、上を冒《おか》すという意味もあります。

これまで地中奥深く（下）でたまっていたパワーが、地上（上）にむけて、圧力をものとのせずに放出されることを指すため、人間社会では下剋上が起きやすいです。上へ上へと人々の気質は動くタイミングなのです。

そして、どんな危機が多いのかというと、湖の七赤の特徴は水にまつわる災害が多いという暗示があります。湖を想像してください。水が溜まっていますよね。そう、その有り様が世界のどこかで起きるということなのです。

それを知っていた私は、２０１１年2月以降、海辺沿い近づくのをやめていました。すると、３月11日、あの巨大津波が地震と共に起きたのです。同じく「湖の七赤」の年である１９９３年には、北海道南西沖地震が発生しており、ここでも大きな水被害が発生しています。あなたはこれを偶然と考えますか？

第3章
十干と十二支の秘密

十干《じっかん》のメッセージ

では、ここから十干十二支を深掘りしていきましょう。

まずは、「十干」です。

「十干」は、昔、通信簿にも使われていました。最近では漫画の**「鬼滅の刃」**でも、隊の階級で使われていましたので、若い方でも聞いたことはあるかもしれません。しかし、その実態や詳細について知っている人はほとんどいないのではないでしょうか？

十干は、以下の10の要素で成り立っています。

甲（こう）、乙（おつ）、丙（へい）、丁（てい）、戊（ぼ）、
己（き）、庚（こう）、辛（しん）、壬（じん）、癸（き）

さらに、「五行《ごぎょう》」に分類できます。

五行とは、自然界は【木（もく）、火（か）、土（ど）、金（ごん）、水（すい）】の５つの要素で成り立っているという思想です。

五行の法則（相生と相剋）

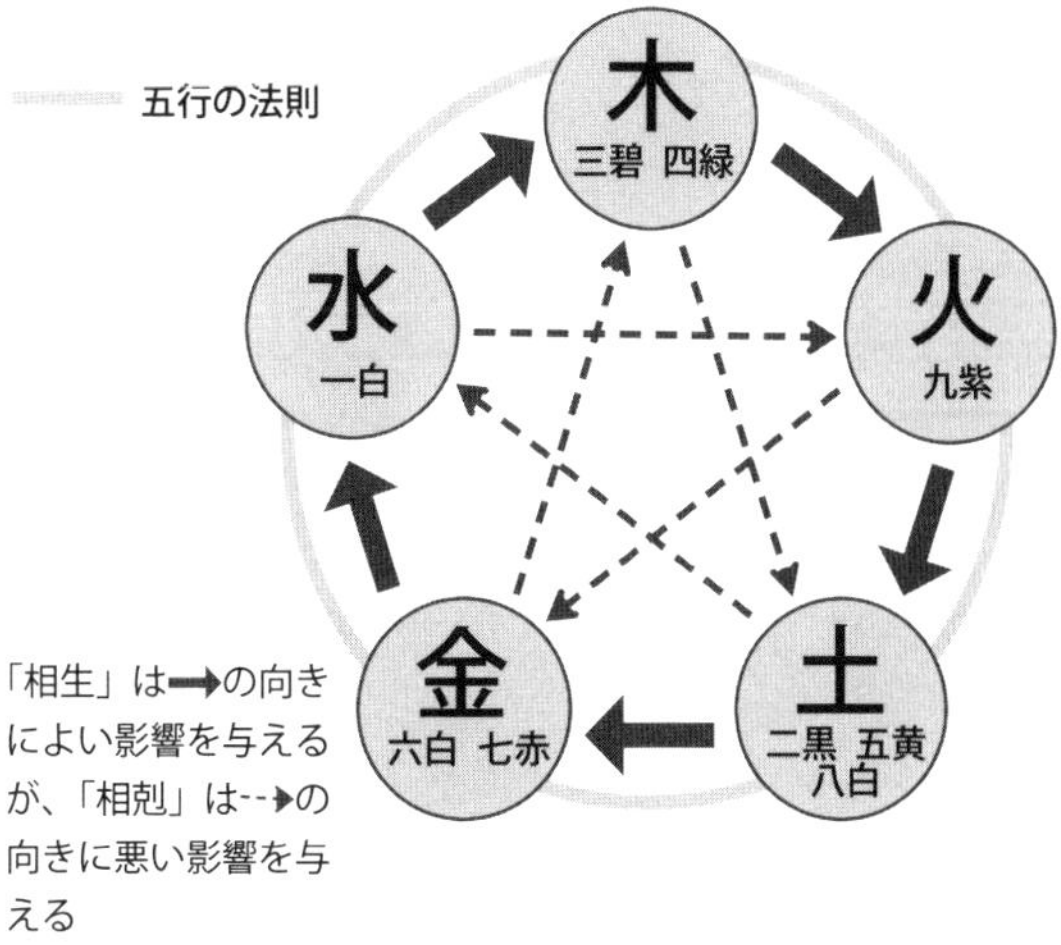

「相生」は→の向きによい影響を与えるが、「相剋」は⇢の向きに悪い影響を与える

五行の〝行〟という文字には、「巡る」や「循環」するという意味があります。5大要素が循環することで自然界は構成されていると考えられていました。

この十干の概念は、現代社会の今でも生きています。順番を決めるのが難しいという意味の「甲乙《こうおつ》つけがたい」という言葉。この語源は十干です。焼酎で甲類・乙類というのもそう。他にも、危険物取扱者などの資格は甲種・乙種に区分される、といった具合で生き残っています。また、契約書を作成する際に「発注者・○○（以下「甲」とする）」、「受注者・××（以下「乙」とする）」とよくありますよね。ビジネスマンにとってはこれが一番分かりやすいでしょう。氏名・名称の略称として使われるケースもあります。

そして、誰もが聞いたことのある高校野球で有名な甲子園！

甲子園球場が完成した年は大正13年（1924年）。この年は十干の甲《きのえ》と十二支の子《ね》に当たる甲子《きのえね》の年でした。そのことから球場名が甲子園《こうしえん》と名付けられたのです。

さらに、普段使っている、「上旬、中旬、下旬」という言葉。これも十干が由来です。「甲乙丙丁戊己庚辛壬癸」の10日間を「旬(じゅん)」というからです。

このように、十干は今でも日常にひっそりと隠れています。

ちなみに十干の文字は全て甲骨文字として記録が残っています。よって、少なくとも十干の概念は殷《いん》（BC1600年頃～BC1046年）の時代には存在していたと考えられます。

さて、次にそれぞれの十干の意味をみていきましょう。

十干の意味その1　【甲（きのえ）＝木の陽気】

種子が固い殻に覆われているイメージ。独立心、勇気などを象徴し、それらが意思となり自我の殻を突き破って進もうとする。（種子が発芽するまえの原皮をかぶっている状態）

〈甲年の行動のポイント〉

新しいことをはじめよう。
新しいルールを作ろう。
ゼロからイチを作ろう。

〈注意点〉

この年にチャレンジをして種をまかないと、後の改革が困難になる。

十干の意味その２　【乙（きのと）＝木の陰気】

種子が水や養分を摂取し、発芽の力で健やかに伸びる様。連絡、援助、均一などを象徴。（草木の芽が自由に伸びられず、曲がりくねっている状態）

〈行動のポイント〉

いつも以上の努力しよう。物事に柔軟に対応しよう。

〈注意点〉

努力不足だと、改革がより一層困難になる。

十干の意味その3【丙（ひのえ）＝火の陽気】

太陽の光を受け、若葉や新芽が地上に現れてくるイメージ。
熱意、直感、感性を象徴。（草木が伸びてその形が明らかになった状態）

〈行動のポイント〉

物事をハッキリと判断しよう。
どんどん前に進もう。
リーダーシップを発揮しよう。

〈注意点〉

秘め事が発覚しやすい。
権力争いがはじまりやすい。

十干の意味その４【丁（ひのと）＝火の陰気】

胸の内に秘められた情熱。それが、全てのモノにとって、成長に必要な力となる。炭火のように人の心を温める。補佐的なポジションを象徴。（草木の形が充実した状態）

〈行動のポイント〉

ムリ・ムラ・ムダを省こう。

活力をつけよう。

〈注意点〉

繁雑な仕事が増える。

新興勢力の勢いが増す。

十干の意味その5【戊（つちのえ）＝土の陽気】

万物の繁栄。成長著しい状態を指す。圧倒的なリーダーシップで、物事を成功へ導く。（草木が繁茂して盛んになった状態）

〈行動のポイント〉

常に成長を目指そう。

リーダーシップを常に意識。

〈注意点〉

オーバーヒートに注意。

物事の視野を広く持つこと。

十干の意味その６【己（つちのと）＝土の陰気】

成長が終わり、実りを迎えるイメージ。何事にもくじけない忍耐強い心を象徴し、常に反省を繰り返しながら、学びを深めていく。（草木が成熟して果を結ぶ状態）

〈行動のポイント〉

筋道を通そう。
物事を秩序立てよう。
緩んだ規律を正そう。

〈注意点〉

利己的な行動をやめよう。
自分勝手な発想が失敗を招く。

十干の意味その7【庚（かのえ）金の陽気】

物事が成熟し、大きな結果となるイメージ。これから始める新しい取り組みに向け、変革が必要とされる。行動力も大切。（結実した後に草木が一新する）

〈行動のポイント〉

組織体制の簡素化を推進しよう。

仕事に向かう姿勢の一新を図ろう。

〈注意点〉

新旧勢力の対立が深刻に。

十干の意味その８【辛（かのと）＝金の陰気】

全ての命が、いままでとは全く異なる別のステージへと動く。つらい時期の中で、新しい価値観を見出す。きらびやかさを大切に。（草木が枯死してまた新しくなろうとする状態）

〈行動のポイント〉

自らを刷新しよう。
忍耐する心を養おう。
新しい価値観を持とう。

〈注意点〉

慢心していると取り返しがつかない事態に。

十干の意味その９【壬（みずのえ）水の陽気】

また種子が殻の中にこもり、後世へとつないでいくイメージ。新しい生命が宿りはじめる。誠実な生き方を大切。（地中にあった新しい生命が陽気を待って発生する状態）

〈**行動のポイント**〉

課題を一つひとつ解決しよう。
信頼できる人を見極めよう。
後世に繋ぐ意識を持とう。

〈**注意点**〉

混乱の種が生まれやすい。

十干の意味その10【癸（みずのと）水の陰気】

新しい命が誕生し、胎動を始める。そして、地上に生まれる時とタイミングを見計らっている状態。純粋な心がテーマ。（草木の種子が大きくなり長さを測ることが出来る状態）

〈行動のポイント〉

原理・原則に基づいて計画・実行しよう。

純粋な心で物事に臨もう。

〈注意点〉

多くの問題が起きやすい。

物事が衰退への道へ突入する。

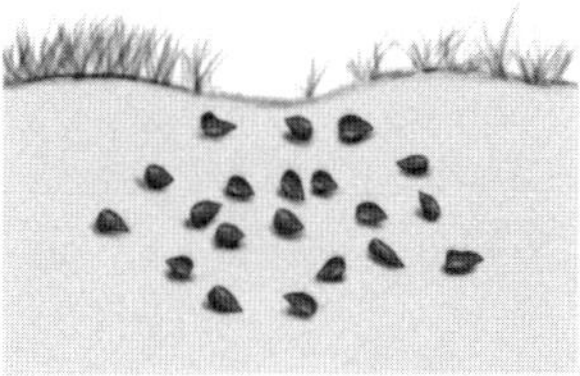

十二支のメッセージ

では次に、十二支について説明しましょう。年賀状でよく使うので、現代人にはこちらの方が馴染み深いですよね。

十二支の「支（し）」は幹の枝を表します。

一般的に十二支は、12ヶ月の順序を示すための符号（数詞）だと考えられていました（子は正月、丑は二月、寅は三月というように）。

十二支で気を付けてほしいのは、年賀状では動物がそれぞれ使われていますが、本当は動物は関係ないということ。動物を当てはめたのは、単に覚えやすくするためで、動物には何の意味もありません。

大切なのは、漢字に込められた意味なのです。

《十二支の一覧》

子（ね、し）	丑（うし、ちゅう）	寅（とら、いん）
卯（う、ぼう）	辰（たつ、しん）	巳（み、し）
午（うま、ご）	未（ひつじ、び）	申（さる、しん）
酉（とり、ゆう）	戌（いぬ、じゅつ）	亥（い、がい）

子（ね・し）

〈漢字の成り立ち〉『漢字源』より

小さい子どもを描いた象形文字。子どもの頭髪がどんどんと伸びるさまを示した象形文字。

「子」年の本質

子（し）（ね）は孳（ふゆる）を表す

●生命力の始動。
●物事の増殖と再生。
●物事の創造。

【子年のキーワード】

・溢れる生命力や創造性を使って「始める」「復活させる」時期。

・「教え導く愛」の時期。
・社内外の問題を解決できる人や信頼できる人材を常日頃から確保しよう。

丑（うし、ちゅう）

〈漢字の成り立ち〉『漢字源』より

丑は手の先を曲げてつかむ形を描いたもの。すぼめ引き締める意を含む。

「丑」年の本質

丑（ちゅう）（うし）は紐（からむ）を表す。

●結びつける力。

●愛で結合されたものがつながっている状態（縁）。

【丑年のキーワード】
・困難にめげずに「始める」「掴む」時期。
・二つのもの、人を「結びつける」時期。
・手を真っ直ぐのばそうとしても様々な「困難」がある時期。
・人材を結集して新しい動きをよい方向へ導く（トライ＆エラー）。

寅（とら、いん）

〈漢字の成り立ち〉『漢字源』より

原字は「矢＋両手」で、矢をまっすぐのばす意を示す。寅は、それに宀（いえ）をつけたもの。家の中で体をのばして、居ずまいを正すこと。

「寅」年の本質

寅（とら）は螾（うごく）（のびる）晋（しん）を表す。

●万吻の発生発芽の意。

●秘蔵された潜在的な意志が発動。

【寅年のキーワード】

・「助ける」「敬う」「慎む」時期、「伸びる」「進む」時期。

・協力者を排除しようとするな。

・他人を尊重せよ。

・自己中心的な態度をとっていると、チャンスが転じてピンチとなる。

卯（う、ぼう）

〈漢字の成り立ち〉『漢字源』より

門を無理に押しあけて中に入り込むさまを示す。

「卯」年の本質

卯（ぼう）（う）は冒（おおう）（さかん）を表す。

●心身の成長が盛ん。

●豊かさの中で人生が昇り進む。

【卯年のキーワード】

・従来手をつけなかった未開地を「開拓する」時期。

・事業活動で「陽気と精気が最も盛ん」な時期。

・これまで手をつけなかった困難な問題に取り組み、積極的に新しい道を切り開いていこう。

・慎重に、かつ有力な協力体制をとって、新しい行動に移るべき。

辰（たつ、しん）

〈漢字の成り立ち〉『漢字源』より

蜃（しん）（貝）の原字で、二枚貝が開いて、ぴらぴらと弾力性のある肉がのぞいたさまを描いたもの。

「辰」年の本質

辰（しん）（たつ）は震（しん）を表す。

●奮・振・伸に通じ、勢いよく生命を振動させて成長する。

●旺盛な自己鍛錬《たんれん》。

【辰年のキーワード】

・陽気と活力に満ち満ちている「奮い立つ」時期。
・いろいろな「問題が発覚する」「障害物を除去する」時期。
・外界の抵抗や妨害をものともせず、旧い状態から抜け出して、新しい情勢を創り出すべく力強く進むこと。

巳（み、し）

〈漢字の成り立ち〉『漢字源』より

原字は、頭と体ができかけた胎児を描いたもので、包（ほう）（胎児をつつむさま）の中と同じ。十二進法の六番目に当てられている。

「巳」年の本質

巳（し）（み）は已（や）む（とどまる）を表す。

●自己研鑽が究《きわ》まる。

●次の新しい段階（ステージ）に向けて待機をする。

【巳年のキーワード】

・物事が一旦終わって、また「新しく始まる」時期（陽気は最大値）。

・「隠れていた諸問題が表面化する」時期。

・従来の慣習に染まった仕事の進め方から抜け出し、陽気を受けて、新しい活動を始めるべき。

・生成、発展に向けた新しい創造的な歩みを始めるべき。

午（うま、ご）

〈漢字の成り立ち〉『漢字源』より

上下運動を交互にくり返して穀物をつくきねを描いたもの。交差し、物をつく意を含む。杵（きね）の原字。十二進法では、前半が終わり後半がはじまる位置にあって、前後の交差する数のことを午（ご）という。

「午」年の本質

午（うま）は忤（さか）う（さからう）を表す。

●心の精神性を充実。

●救済へと生き方を反転する新境地。

【午年のキーワード】

・発展的、創造的な改革や改善を阻害する要素に対し、上手に対処する時期。

・不満分子が誕生。改革反対派による「下からの突き上げ」を食らう時期。

未（ひつじ、び）

〈漢字の成り立ち〉『漢字源』より

木がまだ伸びきらない部分を描いたもの。まだ「してない」の意をあらわす。

「未」年の本質

未（だ）（ひつじ）は味（あじ）（かおりたつ）を表す。

●時が食物に滋味《じみ》を加える。

●心を成熟させて人間味を付ける。

【未年のキーワード】

・これまで取り組んだ活動に「一定の成果」が生まれる時期。
・茂った枝を剪定《せんてい》して風通しを良くし「明るく」する時期。
・事務が繁雑化し、コミュニケーションのパイプが細る時期。
・事業が成功する時期。ただし、末節の雑事を思い切って省き、会社全体にイキイキとした活力を取り戻すべき。

申（さる、しん）

〈漢字の成り立ち〉『漢字源』より

甲骨文字と金文とは、いなずま（電光）を描いた象形文字で、電の原字。篆文《てんぶん》は「臼（両手）＋|印（まっすぐ）」で、手でまっすぐのばすこと。伸（のばす）の原字。

「申」年の本質

申（しん）（さる）は呻（うめ）くを表す。

●伸（のびる）に通じ、人格の円熟に突き進む。

●絶え間ない進取の精神力。

【申年のキーワード】

・紆余曲折《うよきょくせつ》がありながらも「伸びる」「進展する」時期。

・明確な価値基準を元に判断、行動し、活力を社内に蓄える時期。

・反対勢力、新しい勢力が伸びる時期。

・あらゆる分野で新しい勢力や反対勢力の動きが一層盛んになり、事態が紛糾する。果断に対処して冬の難しい時期に備えるべき。

酉（とり、ゆう）

〈漢字の成り立ち〉『漢字源』より

口の細い酒つぼを描いたもの。のち酒に関する字の意符として用いる。

「酉」年の本質

酉（ゆう）（とり）は糸酉（ちぢむ）（なる）を表す。

●純粋な心を醇化《じゅんか》し人間性を醸し出す。

●優れた人格の完成。

※醇化＝不純な部分を捨てて、純粋にすること。

【酉年に対応するキーワード】

・熱心に取り組んできた事業活動に「成果が生じる」時期。

・反対勢力が爆発。「革命的な変動が」起きる時期。

・筋を通して事に当たらなければ、取り返しのつかない結果になる。

戌（いぬ、じゅつ）

〈漢字の成り立ち〉『漢字源』より

「一印＋戈（ほこ）」。刃物で作物を刈ってひとまとめに締めくくり収穫すること。のち卒（そつ）（まとめる）と同系。十二支の名となったため、原義は忘れられた。

「戌」年の本質

戌（じゅつ）（いぬ）は戊（つちのえ）を表す。

●錬（れん）（きたえる）や滅（めつ）に通る。

●威信や威厳を体得し、人生での役割を完結する。

【戌年のキーワード】

・事務を簡素化してわずかに残る「活力を内蔵」する時期。
・枝葉末節《しようまっせつ》な事柄が増え、物事が「停滞」し「活力が衰える」。
・末節の雑事を切り捨てて事態を簡素化し、繁茂《はんも》し過ぎて沈滞している空気を一新して、次の段階に向け内部を整えるべき。

亥（い、がい）

〈漢字の成り立ち〉『漢字源』より

イノシシ、または豚の骨格を縦に描いたもので、骨組み、骨組みができあがる意を含む。

〈「亥」年の本質〉

亥（がい）（い）は閡（がい）（とじる）を表す。

●物事の中心、核に通じる。

●種子（しゅし）（心）に再起する愛と智慧《ちえ》を秘蔵する。

【亥年のキーワード】

・愛と智慧のエネルギーを内在する時期。

・不満エネルギーが爆発的になり、何が起きるかわからない時期。

・膨大なエネルギーを内蔵。それがいつ突然爆発するかわからないだけに、自重、自戒して活力を内に秘めておくべき。

「十干」「十二支」と「陰陽五行」

ここではちょっとした小話をしましょう。
「十干」と「十二支」は、後に「陰陽五行説《いんようごぎょうせつ》」とも融合します。
日本は「十干」において【陽を兄・陰を弟】とします。

（例：「甲」を「木の兄（きのえ）」、「乙」を「木の弟（きのと）」）

そして一般的には、中国の戦国時代（BC480年～BC247年）の頃より、十二支に動物名をあてて呼ぶようになりました。これが十二支獣と言われるものです。

ちなみに、十二支と十二支獣はアジアを中心に広がっていますが、国によって指し示す動物が異なることがあります。

丑＝ベトナムでは水牛
寅＝モンゴルでは豹
卯＝チベット・タイ・ベトナムでは猫
未＝ベトナムではヤギ
亥＝中国・韓国・チベット・タイ・ベトナムではブタ、台湾では日本と同様、猪

第4章

花鳥風月と「時読み®」

「花鳥風月」という言葉を知っていますか？

花鳥風月は生きた文字と言われます。
いわば天から「あなた専用」に送られているメッセージです。

松任谷由美さんの歌で「やさしさに包まれたなら」があります。その歌詞の中で、**「目に見えるすべてのものはメッセージ」**という歌詞がありますが、まさにそう。

鳥が頭上を飛ぶのも、目の前を蝶が舞うのも全部、偶然に起きているのではありません。**すべての事象に深い啓示**があるのです。

これを**「事象学」**と言います。

『生きた経典』としての現象から、自然現象から直接学ぶことです。

本章では、地球（ガイア）からあなたへ送られている、天啓のオリジナルメッセージをお教えします。

時と自然は花鳥風月を通じて、あなたに大切なメッセージを送っています。たとえば、あなたに「風」が吹いているとしたら、それは、あなたを寒がらせるためではありません。風は「均等」という意味を持ちますので、平等の精神という意識を教えてくれます。風は風力で物事を均します。足りないところに自然と物事を移します。

水も高い方から低い方へと流れます。自然は常に過不足のない「究極のバランス」を保っていますから、人はそこにヒーリングを受けるのです。

自然の単純明快な法則は、人にも当てはまります。しかし、人は自然の教えに逆らいます。これではいけません。自然の教えに逆らうと、貧しいものはさらに貧しくなります。あなたは自然の教えに素直に従っていますか？恵まれない人々を補う「布施」や「奉仕の精神」を使わずにアンバランスな社会を築いてはいけません。

大自然の光景、「天（てん）、澤（たく）、火（か）、雷（らい）、風（ふう）、水（すい）、山（さん）、地（ち）」の八項目。

これらの大自然の教えの実践が、人生での成功の秘訣です。人間の生き方で最善のものを「**無為自然**」と言います。これを、一般的には自然体と言います。一方、障害が起きやすい生き方を不自然といいます。不自然な生き方から、不健康（病気）と貧困（無気力）と事故（気迷い）と争い（邪気）が生じます。

自然が持つ**磁気波動**に合わせ、「天、澤、火、雷、風、水、山、地」の基本の学びがあります。このうち、「**風林火山**」の4つを身につければ国を平定し、8つすべてをマスターした人格を「**国士無双**」といいます。国を統治する指導者です。

国士とは、名誉や地位にかかわりなく、人知れず人格を磨いている大人物が、国家存亡の危機に忽然《こつぜん》と現われ、人々を窮地《きゅうち》から救います。

中国の孔明、ギリシャのレオニダス、フランスのジャンヌダルク、アラビアのロレンス、そして日本の坂本竜馬や西郷隆盛のような国士です。

彼らは志が成就したあかつきには〝立つ鳥跡を濁さず〟のごとく、まるで何事もなかったかのように超然と社会から去っていきますが、人々の心には、永遠に残る最高の生き方をした人物に映ります。

波動から学ぶ

自然には音があります。そして、音には人の心を癒す音と、人の心に雑念を起こす音があります。

以下の順で、あなたの心に癒しを与えますので覚えておきましょう。

癒しの音 → 雑念の音

風のささやき
渓流のせせらぎ
雨音　潮騒
野鳥のさえずり
カラスの鳴き声
人の言葉
車の騒音
機械類の雑音

また、自然に即した動作を、聖行《しょうぎょう》から乱行《らんぎょう》の順に書くと次のようになります。

聖行 → 乱行

- 太陽の運行
- 季節のめぐり
- 気候の循環
- 雲の流れ
- 木の葉の舞
- 蝶の羽ばたき
- 野鳥の飛翔
- 犬猫の歩み
- 人間の行動
- 機械類の機動

自然と不自然

自然に反する意味の不自然と不健康は同意語です。

ですから、人間がいかに自然から離れた磁場と意識で生活しているかを理解しておくことが大事です。あなたの健康のためにも。自然から離れすぎた生活のままでいると、やがて気を病むことになるからです。

目の前に展開される人事自然の生態は啓示なのです。春夏秋冬の自然の歩みを先人たちが伝えてきた記録が**「暦《こよみ》」**です。十干十二支を組み合わせる暦は、第1章でも述べたように、60年で一巡するので**還暦**といいます。たった一年といってもその年の学びを逃すと、次は60年後です。

一年一年噛み締めながら、十干十二支の教えを守りましょう。

色で見る花鳥風月

普段何気なくあなたの目に飛び込んでくる**色**にもメッセージがあります。もしその色が妙に気になるようでしたら、以下のメッセージに注意してください。

【金色・黄色】

謙虚、寛容、変革の意味を持つ。
生活での物心両面を充実させる。
頑固と強引さ、欲望と怒り、慢心、軽率、家系の因縁に問題点あるので注意。

【白色】
心を癒すオアシス。
自信を持って愛と奉仕の精神で人々の喜びを援助する。
弱気、見栄と虚勢、過信、快楽、淫行、甘い言葉に注意。

【赤色】
公憤《こうふん》で社会正義を守る。
ひるまずに感性を磨き情熱を持って事にあたる。
差別、激情、私憤《しふん》による争い、自惚《うぬぼ》れ、独断専行に注意。

【青色】
信念、勇気、アイデア、創造性。
インスピレーションと理性（思考）の働きを大切に。
短気、口の災い、軽挙妄動《けいきょもうどう》、疑い、心配事、神経質、詐欺に注意。

【緑色】
自然体、環境保護とエコによる発展。
信用と交際力で物事の調和を考える。
執念、猜疑心《さいぎしん》、不連絡、信用を裏切ること、優柔不断、中途挫折に注意。

【紫色】
仁義礼節《じんぎれいせつ》と秩序を重んじる。
補佐役に徹して、感性を磨き、専門技術や一芸を極める。
自惚れ高慢さ、差別や上下観、溺愛、人への非難、離別に注意。

【銀色】
合理性と創意工夫で先端技術の開発、進歩がビジネスのテーマ。
非情、打算、自信過剰、理屈多し、焦り、反抗、慢心、忍耐力に欠けることに注意。

【黒色】

柔軟な心で交際力を活かし、忍耐力を養い根気よく誠実な仕事を展開する。

心の闇、トラウマ、悪事に陥る、苦悩、敗北、淫行に注意。

光景から学ぶ

次は光景です。それぞれのナインコード別に、それぞれを象徴する光景を取り上げました。

と、その前に、あなたは自身のナインコードはわかりますか？

次のページでご自身のナインコードを確認して、それぞれのナインコードを象徴する光景を学んでください。

※ナインコードの内容は第５章をご覧ください。

生まれ年別ナインコード早見表

水の 一白	大地の 二黒	雷の 三碧	風の 四緑	ガイアの 五黄	天の 六白	湖の 七赤	山の 八白	火の 九紫
1918年 T7年	1917年 T6年	1916年 T5年	1915年 T4年	1914年 T3年	1913年 T2年	1912年 T元年	1911年 M44年	1910年 M43年
1927年 S2年	1926年 S元年	1925年 T14年	1924年 T13年	1923年 T12年	1922年 T11年	1921年 T10年	1920年 T9年	1919年 T8年
1936年 S11年	1935年 S10年	1934年 S9年	1933年 S8年	1932年 S7年	1931年 S6年	1930年 S5年	1929年 S4年	1928年 S3年
1945年 S20年	1944年 S19年	1943年 S18年	1942年 S17年	1941年 S16年	1940年 S15年	1939年 S14年	1938年 S13年	1937年 S12年
1954年 S29年	1953年 S28年	1952年 S27年	1951年 S26年	1950年 S25年	1949年 S24年	1948年 S23年	1947年 S22年	1946年 S21年
1963年 S38年	1962年 S37年	1961年 S36年	1960年 S35年	1959年 S34年	1958年 S33年	1957年 S32年	1956年 S31年	1955年 S30年
1972年 S47年	1971年 S46年	1970年 S45年	1969年 S44年	1968年 S43年	1967年 S42年	1966年 S41年	1965年 S40年	1964年 S39年
1981年 S56年	1980年 S55年	1979年 S54年	1978年 S53年	1977年 S52年	1976年 S51年	1975年 S50年	1974年 S49年	1973年 S48年
1990年 H2年	1989年 H元年	1988年 S63年	1987年 S62年	1986年 S61年	1985年 S60年	1984年 S59年	1983年 S58年	1982年 S57年
1999年 H11年	1998年 H10年	1997年 H9年	1996年 H8年	1995年 H7年	1994年 H6年	1993年 H5年	1992年 H4年	1991年 H3年
2008年 H20年	2007年 H19年	2006年 H18年	2005年 H17年	2004年 H16年	2003年 H15年	2002年 H14年	2001年 H13年	2000年 H12年
2017年 H29年	2016年 H28年	2015年 H27年	2014年 H26年	2013年 H25年	2012年 H24年	2011年 H23年	2010年 H22年	2009年 H21年
2026年 R8年	2025年 R7年	2024年 R6年	2023年 R5年	2022年 R4年	2021年 R3年	2020年 R2年	2019年 R1年	2018年 H30年

＜確認の仕方＞

上の早見表から、自分の生年月日をもとに「水の一白」から「火の九紫」のどこにあてはまるかを確かめてください。

（例）2005年11月11日生まれ＝「風の四緑」

※注意点

1月1日～2月節分の日（通常は2月3日）生まれの人は、前年の『9code』になります。

（例）2005年2月1日生まれ＝前年の9code→「ガイアの五黄」

天の六白

大空、青空

創造力とリーダーシップを意識

●動物＝龍、鳳凰《ほうおう》、鶴、鳩、俊馬他

●植物＝コスモス、サザンカ、もみじ、神木、薬草、果樹、菊他

湖の七赤

湖、沢、池、堀

人を癒す力と豊かさを目指すことを意識

●動物＝水鳥、鶏、羊、猿、蟬《せみ》他

●植物＝秋に咲く草花、桔梗、月見草、すすき、湿地帯の草木、萩他

火の九紫

太陽の光　炎や熱

明るさ、優れた感性と執着を離れる智慧を意識

●動物＝孔雀、雉《きじ》、亀、蟹、金魚、エビ、名馬他

●植物＝南天、紅葉、芍薬《しゃくやく》、牡丹《ぼたん》、向日葵、楠《くす》、榊《さかき》、ふき他

雷の三碧

雷や地震

インスピレーションと勇気と向上心を意識

●動物＝駿馬、ホトトギス、蜂、鶯《うぐいす》、鷹《たか》、鷲《わし》他

●植物＝桜、若竹、若松、盆栽、植木、野菜、茶他

風の四緑

季節に吹く風

人間関係や物事でのバランスと奉仕の精神を意識

●動物＝鳥類、蝶類、飛翔《ひしょう》生物、鶏、蛇、兎《うさぎ》他

●植物＝香木、草花、ユリ、菖蒲《しょうぶ》、松、栗、バラ、朝顔他

水の一白

海、河川、滝

試練を乗り越える最善の生き方と心の安らぎを意識

●動物＝魚、蛙、狐《きつね》、豚、フクロウ、蛍《ほたる》他

●植物＝寒椿、カラタチ、水仙、藤、杉、檜《ひのき》、ヒイラギ他

山の八白

山や丘陵や山林

物事のイノベーションと不動心を意識

●動物＝牛、猪、鹿、犬、虎、山鳥、鷺《さぎ》他

●植物＝果実、竹、タケノコ、つくし、山芋、セリ他

大地の二黒（大地の陰性）

大地や盆地、平野や渓谷

愛と奉仕を意識

●動物＝牝牛、牝馬、山羊《やぎ》、猿、蟻、クモ他

●植物＝古木、苔類、なづな、ワラビ、きのこ他

※大地の陰性、陽性ともに適応している

ガイアの五黄（大地の陽性）

近寄り難い山脈、荒地

愛と不動心を意識

●動物＝牝牛、牝馬、山羊《やぎ》、猿、蟻、クモ他

●植物＝古木、苔類、なづな、ワラビ、きのこ他

※大地の陰性、陽性ともに適応している

第5章
ナインコードで読み解く未来予想図

ナインコードは未来の水先案内人

ここまでは十干十二支の話を中心にしてきましたが、次に、ナインコードの話もしていきましょう。

ナインコードとは、世界最古の『易経《えききょう》』をベースに、運命学、帝王学などを交えて、一万人のサンプリングを体系化した秘伝のCodeです。

「水の一白」「大地の二黒」「雷の三碧」「風の四緑」「ガイアの五黄」「天の六白」「湖の七赤」「山の八白」「火の九紫」など、人間は9タイプに分かれます。

実はナインコードは、「本当の自分」がわかり「人間関係」の悩みが解消される魔法のツールなのです。ただ、本書ではそれぞれのナインコードの人間性は深掘りしません。今回着目するのは、それぞれの年に当てはめられたナインコードの気質から起きる出来事です。

事前に言っておきますが、ナインコードの未来予測は「**天気予報**」のようなものです。「天気も過去データを統計的に判断して降水確率や台風の進路などを導き出していますが、ナインコードも一緒です。

過去、何千年という歴史を持つ『易経』から派生したナインコードは、その歴史に基づいたデータから〝未来の傾向〟をはじき出します。

しかし、あまりに遡《さかのぼ》った過去データだけを基準にするのでは、現代における未来予測には不十分と判断し、私自身が独自に集めた近年のデータも活用し、その全てをミックスした上で未来予想を提示しています。

どんな天気予報でも「絶対」がないように、ナインコードから導き出された未来予想にも「絶対」はありません。あくまで〝傾向として高い〟ということをこれまで示してきました。

ただ、傾向が高いということは、その傾向にさえ従えば「失敗しない確率も高まる」ということです。

たとえば地方に出張するとき、雨の予報が80％だったとします。その予報を知っていたらあなたはどうしますか？　きっと高い確率で降るであろう雨に備えて折り畳み傘を用意しますよね。用意さえしておけば、いざ雨降っても対処ができるのですから。

それと同じで、ナインコードで「今年は○○な年になる傾向が高い」と知っていれば、その**未来に備える**こと可能になります。

仮に予想していた未来が外れたとしても、備えたからこそ心に「安心＝心の余裕」が生まれるはずです。

もちろん、重々感じているとは思いますが、ビジネスマン、経営者にとって、この「安心＝心の余裕」はとても大切となります。

予測していなかったことが起きてしまい、慌てふためくビジネスマンや経営者。はたまた、事は起きてしまったけれど、予測して備えていたからこそ余裕をもって対処できる人。

あなたはどっちになりたいですか？

こういったことを念頭に入れて、ここからを読み進んでいただきたいと思います。

一白～九紫の年の傾向

「水の一白《いっぱく》」の年

１９９９年　２００８年　２０１７年　２０２６年　２０３５年

水の一白の特徴は『易経』の中にある「坎為水（かんいすい）」という原典から、世界的に試練が訪れる年です。

特徴

●全体的に辛い出来事が起きる。
●上から下へと強制圧力がかかる。
●新時代の幕開け。

●水害の被害が起きやすい。

幸運を掴むキーワード

●ひとつのことに固執せずに柔軟に生きる

一白の年は社会全体が安定しにくい傾向にあります。経済も不安定で、物事も流動的です。そして、世間にとって辛いことが起きやすいのも一白年の特徴です。

２００８年に起きたリーマンショック。これはまさに、世界に訪れた試練でした。金融は各産業の水源地とも言えますから、リーマン・ブラザーズの破綻は、たとえるならばダムの決壊。なだれた水（サブプライムローン）は、多くの人々の財産を奪いました。まさに、水を象徴する、一白の年に起きるべくして起きたと言えましょう。

そして、一白の年には**「何事も始めからスタートする」**という意味もあります。ナインコードには一白〜九紫まで９つありますが、全部、数字がついています。一白はその始まりですから、物事のスタートを示すのです。

たとえば２００８年は、「iPhone 3G」がソフトバンクから発売されました。発売当時は、なかなか受け入れられかったiPhoneですが、今では、多くの国民が手にしています。iPhone人気はこの年から始まったのです。

また、同じく２００８年のビッグニュースは、アメリカで初の黒人大統領「オバマ大統領」が誕生したことでしょう。これはアメリカの新しい一歩の始まりで、新時代が誕生した瞬間です。


こういった「新時代作る」という面では、過去の一白の年でもよく見受けられます。１９９０年の一白の年では、戦後45年の分断を経て東西ドイツが統一しました。これもまさに新時代の幕開けでした。

そして、一白の年では**同調圧力やパワハラが**横行します。

水が上から下へと流れるが如く、立場が上のものから下のものへと圧力が高まるのです。

さらには、**水害被害**が大きくなるのも一白の特徴です。２０１７年の一白の年の7月、福岡県と大分県を中心とする九州北部で、大きな人的被害を引き起こした集中豪雨がありました。一白の年水害には特に注意が必要な年ですので、川辺や海辺に住む人は要注意です。

一白の年に豊かさを掴むキーワードとしては、「柔軟な生き方」です。一つの物事に固執してはいけません。固執していては絶対に、物事は成功しません。物事がうまく好転しにくい年ですので、「まあ、いいか。次の方法にトライしてみよう」くらいの気持ちで何事も臨むことが重要です。

落ち込んだり、暗くなったりすると一気に運気が落ちる年ですので、明るく楽しく、そして陽気に生きることを心がけましょう。

「大地の二黒《じこく》」の年

1998年、2007年、2016年、2025年、2034年

大地の二黒の特徴は、『易経』の中にある「坤為地（こんいち）」という原点から、人知れない努力と与え切りの愛の実践がテーマの年です。

特徴

●無償の愛によって社会が変わる。
●縁の下の力持ちが躍動する。
●社会のペースは比較的緩やか。
●人々の好奇心は高まる。
●無償の愛がテーマになる年。

幸運を掴むキーワード

●お布施（見返りを求めない）の気持ちを大事にする

二黒の年は、社会全体のペースがじっくりと緩やかになります。地に足をつけて動くという言葉がありますが、まさにその通り。母なる大地に包まれる世界は、暖かく、おおらかな波動を纏います。

この年は世界的に見ても大きな躍動的な出来事はあまり表に出てきません。ただそれは表に出ないだけで、裏側ではじっくりと物事が進行しています。二黒の年は大地が動植物を育てるように、環境設定が何より大切な年です。闘う土壌をしっかり整えることで、運気が舞い込んできます。畑を想像してみてください。土が良くない畑では、良い農作物は育ちませんよね？　それと一緒です。

さらに、**縁の下の力持ちが躍動**します。

政治では官僚たちが活発に動きます。エンジニアなんかも、この年に新しいシステムを開発して、その2～3年後に世の中に開発したシステムを送り出すことも少なくありません。縁の下の力持ちとして動いている組織や会社はどこか？　それを調べるだけでも、投資では儲かるヒントになりそうですね。

そして、何より実践すべきは「**見返りのない行動**」です。

つまり、人助けです。**あなたは人を救っていますか?**見返りのない心で。

二黒の年に成功する人は、必ずこのお布施（人助け）の精神を大切にします。

実は私の知り合いに、あるハリウッドスターがいます。その人は二黒の年に、自分の財産のほとんどを困っている人やお布施に使いました。

そう、「時読み」で、この年はお布施こそが運気を掴む鍵と知ったからです。

するとなんと、いきなりハリウッドのオーディションに合格。誰もが知る有名映画の準主役をゲットしたのです。まさに二黒のお布施パワーですね。

そうでした。最後に一応言っておくことがありました。この年は大地を不機嫌にさせると怖いのです。前回の二黒の年、２０１６年。熊本で震災がありましたよね。二黒の年には、地震も起きやすい傾向があります。大地は偉大で尊いものです。

地面にゴミを捨てていませんか？

大地を粗末に扱っていませんか？

次に訪れる二黒年（２０２５年）は、大きなしっぺ返しがきますよ。注意してくださいね。

「雷の三碧《さんぺき》」の年

1997年、2006年、2015年、2024年、2033年

雷の三碧の特徴は『易経』の中にある「震為雷(しんいらい)」という原典から、人に対する感謝ができれば人生を繁栄と発展に導けます。そして、魂の上昇志向による社会貢献が天命です。

特徴

●人々の挑戦心がうごく年。

●革命的なアイデアやひらめきが社会に生まれる年。

●物事のスピードが速くなる年。

●人々の感性がいつもより豊かになる年。

●人々の気質は荒ぶる。

幸運を掴むキーワード

●迷ったら即行動！チャレンジする心が大事

三碧の年は、二黒と真逆の年になります。人々の気持ちは先走り、世間は慌ただしく、そわそわ落ち着きません。

革命的なアイデアが生まれやすい年で、後の偉大な発明発見は三碧の年で創造されることも少なくありません。

２０２４年は三碧の年です。三碧を象徴するのは雷です。大きな音と光で強烈な一撃を大地に打ち込みます。その衝撃はすざましいものです。よって三碧の年は、世界中で衝撃な出来事が続々起こるという、時の暗示があることを忘れてはいけません。

最も気をつけるべきは、**「地震」**です。三碧には「震える」というメッセージがあります。その脅威として最初に思い出すのが地震です。２０２４年は、大きな地震が世界各地で起きる傾向がありますので注意してくださいね。

三碧の年は、人の気性が荒々しくなります。今までおっとりしていた人がいきなり活発になることも。急に性格が変わったような振る舞いをする人も少なくありません。さらに、人は飽きっぽくなります。一度決めたことも、行動は早いのですが、継続ができません。

この年は**勇気を持ってスタートアップする起業家が増えます。**新しいビジネスチャンスが転がっている年ですので、経営者はスピードが大切です。ですので、幸運を掴むキーワードとしては、迷ったらすぐに行動することです。三碧の年は悩んではいけない年なのです。やるかやらないか？「まずはやってみる」が正しいのです。

三碧の年では何事もスピード重視で取り組んでくださいね。

「風の四緑《しろく》」の年
1996年、2005年、2014年、2023年、2032年

四緑の特徴は『易経』の中にある「巽為風（そんいふう）」という原典から、風のようにさわやかに過ごせば、ものごとは好転します。

特徴

●物事の風通しが良くなる。
●過去が総括され次へ進む（未知の領域が開拓）。
●選択と集中をしたものが翌年から勝つ。
●情報戦が活発になり、株価は荒れる。
●出会いと別れが多くなる。

幸運を掴むキーワード

●集中と選択。風のように爽やかな心で（固執するな）

風の四緑の年は、世界中で「陰謀と策略」が働きます。スパイ活動が横行し、情報戦を制したものが勝つ一年です。四緑は風を象徴しますから、古い過去を吹き飛ばし、新しくできた道に開拓精神を見出すことで活路が生まれます。

そして、あなた自身も風通しを良くすることが四緑の年では重要です。自身の風通しを良くするとはどういうことかわかりますか？

そう、「選択と集中」です。

余計な枝葉を切り落とすように、あなたの周りにある無駄を削ぐ必要があります。

友人知人関係も、です。

周りに足を引っ張る人はいませんか？

あなたの夢を邪魔する人はいませんか？

そんな人とは、**四緑に年に縁を切るのがベスト**です。事実、私も２０２３年９月にFacebookの友人を二千人切りました。（笑）

無駄な友好関係やつながりは重要な時に足を引っ張られます。四緑の年は縁つなぎの年でもあるのですが、逆に縁を切るのも大事なミッションなのです。

事業もそう。数年続けても利益が出ていない事業や、その事業が足枷になって次に進めないのなら、**バッサリ切るべきです**。

「ガイアの五黄《ごおう》」の年
1995年、2004年、2013年、2022年、2031年

ガイアの五黄には原典がありません。全ての中心であり、地球を象徴します。自分本位の考えではなく人の役に立つことを心がければ成功への道は開かれます。くじけない、あきらめない、いばらないが天命。

特徴

●破壊と創造によって大きく物事が形を変える。
●熱い起業家や政治家が立ち上がる。
●金持ちと貧乏人の格差が広がりやすい。
●引力の力によって何でも引きつける。

幸運を掴むキーワード

●初志貫徹。何とも時間をかけてでもやり切る。

ガイアの五黄年は、地球規模で「引力」が働きます。引力とは何だ？　と思いますよね。引力とは良いものも悪いものも何でも引きつけてしまう吸引力です。

この「引力」の発動方法は簡単で、ネバーギブアップの精神で、何でも実行すること。そして、最後までやり切ることです。そうすれば、あなたにも引力が発動し、願望が何でも叶います。

そして、五黄を象徴するのが**「破壊と創造」**です。

五黄年には大きな破壊が起きます。２０２２年はその代表格として、ロシアとウクライナの争いが起きました。世界の構図と形が変わった瞬間です。

また、この年は、金持ちと貧乏人の差が広がりやすいという特徴があります。なぜなら、強いエネルギーを持てば持つほど栄えるという法則があるからです。

願えば何でも叶う。それが五黄の年だからこそ、強く願えるエネルギーのあるものが勝利者になります。

幸運のキーワードも初志貫徹です。発言したこと、願ったことを最後までやり切ることが、豊かさを手にします。「やったもん勝ち」の年が五黄なのです。

「天の六白《ろっぱく》」の年

１９９４年、２００３年、２０１２年、２０２１年、２０３０年

天の六白の特徴は『易経』の中にある「乾為天（けんいてん）」という原点から、純粋な正義や理想を築き上げる強靭な信念が大切になります。天を目指す志を抱き、自他共に幸せにする生き方で社会の理想を実現する事が天命。

特徴

●経済は活発化（株式投資や金融緩和が活発に）。
●政治とカネの問題がでやすい。
●政治家など新しいリーダーが誕生。
●国家間での対立が際立つ（各国がリードしたがる）。
●一国家でも国民を統制しようとする動きが出る（独裁化）。
●人々のプライドは例年より高くなる。

幸運を掴むキーワード

●コミュニティのリーダーになろう

六白の年は、経済活動が活発になる傾向があります。六白の五行は金にあたりますから、金にまつわる出来事が多発します。政治と金の問題もそう。金融政策にまつわる法案も多く可決されるのが目立つ年です。経済はどちらかというと政治が主導して牽引することが多いでしょう。

投資活動も活発になる年ですので、経済は好景気になりやすいことも。2021年の六白年は、アベノミクスのおかげで、そこから株価がググッと上がりました。景気が良くなったのを覚えている人も多いのではないでしょうか？　これは、六白のタイミングで政策をとったからこその結果です。

また、リーダーシップをとろうとする正義感が溢れる人が続出するのも六白の特徴。その延長戦で、国家間の対立も起こりやすい傾向があります（各国がリードしようとするから）。

そして、六白年は人々のプライドが高くなる傾向にあります。その分、人と人との対立が起きやすいという怖さもあるのです。この年だけは、下手に人のプライドを傷つけるのはやめましょう。

幸運のキーワードはコミュニティのリーダーとなることです。この年にリーダーシップをとった行動をしておくと、物事が好転していきます。

「湖の七赤《しちせき》」の年
1993年、2002年、2011年、2020年、2029年

湖の七赤の特徴は『易経』の中にある「兌為澤（だいたく）」という原典から、人格を磨きながら、人と自分の幸せを考えて、生活を豊かにすることが天命。

特徴

- ●エンタメが世界を変える。
- ●モノや情報が広まりやすい年。
- ●人々は癒しを求める年。
- ●口が上手なものが成功を掴む年。
- ●コミュニティビジネスやフランチャイズが流行る年。
- ●エンタメが爆発的に流行る年。

幸運を掴むキーワード

●人に優しく、愛嬌を持って。口の力で人を楽しませよう。

「湖の七赤」も五行では六白と同じ「金」なのですが、性質が少し異なります。七赤の原典には『兌為澤（だいたく）』とあり、この「兌」は自然界では、水が集まってできる「澤」を指すのです。よって「澤」には『集まる』『溜める』という意味があり、同じ金の性質でも「財をためよ」というメッセージがあります。

そして、七赤の年に成功を収める秘訣は、あなたを慕う集まり、つまり「コミュニティ」を活用することです。一番わかりやすいえば YouTube です。人気のある YouTuber には人が集まり、その結果として、YouTuber によって広告収入が入ります。

前回の七赤の年は２０２０年。この年、芸能人でも YouTube に参入する人が増えました。この現象は、七赤の影響を受けている結果なのですが、多くの芸能人が成功しています。これは一般人でも同じです。

事実、私も2020年、YouTubeを本格的に始めました。ド素人でしたが、「今年は七赤だから」と言い聞かせ、毎日動画を投稿しました。今では150万人もの登録者がいます。

今の会社の売上も、YouTubeで商品の宣伝をしているからこそですし、あなたのとの出会いもきっとYouTubeを通じてですよね。まさに、「やっててよかったYouTube！　(笑)」です。

次の「七赤の年」は2029年。また、コミュニティが流行る年になり、動画配信も活発になります。その時には、また別のSNSがあると思いますが、やらなきゃ絶対損ですので、ぜひ、やっていきましょう。そして、何より大事なのは、**「口を使って、誰かを喜ばせる精神」**です。

トレンドとしては、お笑いなどが例年以上にブームになる可能性を秘めています。また癒しと安らぎを求める人も多くなるため、そのテーマに特化したサービスや商品もはやる可能性が高いでしょう。

さらに、ビジネスとしてはフランチャイズなどを展開する企業が勢力を増すことも予想されます。湖は横につながるというメッセージでもありますからね。

「山の八白《はっぱく》」の年
1992年、2001年、2010年、2019年、2028年

山の八白の特徴は『易経』の中にある「艮為山（ごいさん）」という原典によって、私的な執着を抑えて社会や人のために貢献することができれば、いかなる困難にも動揺することがない人生となります。

特徴

●人々は信仰心を高める年。
●伝統を受け継ぐには最適な年。
●時代を変える革命者が現れる年。
●企業同士の連携（買収・合併）が多くなる年。

幸運を掴むキーワード
●山のように不動心を持って。時には革命を。

まず、八白の年で重要なポイントの一つ目は「**受け継ぐ一年**」にしてほしいということです。「受け継ぐ」と言われてもピンとこない方もいますよね。では、言い方を変えましょう。仕事であれ私生活であれ、何かを世代を超えてバトンタッチしていくのに最も適した一年が八白の年です。

たとえば、あるプロジェクトの指揮権について、いつ部下に引き継ごうか考えている上司の方。自分のポジションを部下に譲るタイミングを常日頃悩んでいる方。それならば、八白の年こそが最適です。

なぜ、そう言えるのか？

それは、八白の年の〝ある性質〟に由来します。その性質とはズバリ！

原典の『易経』にある「艮為山」です。これは、「伝統や先祖とのつながりを大切にせよ。さすれば大成する」というメッセージです。つまり、これまで自分が大切にしてきたことを次の世代に託せということ。

八白の年はこれが重要なテーマとなっています。この年に受け継がれたものは、その後も上手に受け継がれていくとされるのです。

では、ここで何か思い出しませんか・・・？　２０１９年、これ以上ないというほどの、重大なことが受け継がれましたよね？　そうです。皇位が継承されました。「平成」から「令和」へ。決して色わせてはいけない日本独自の「元号」という文化を、新しい時代へと引き継がせました。

皇室関係ですから、こうした運命学というものを知っていたのでしょうか。それは定かではありませんが、「受け継ぐ」が重要なテーマである八白の年に皇位継承を実現させました。この事実は、新時代のはじまりとしてこれ以上ない最高のタイミングだったと言えましょう。

「そろそろ自分も社長引退かな・・・。でもいつやればいいんだろう」

そんな悩みを抱えている方は、ぜひ、八白の年に一区切りとして次の世代に任せてみてください。

次は２０２８年が山の八白の年です。まだ結構先のように感じますが、準備だけはしておいた方がいいです。この年に引き継ぐことができれば、未来はきっと明るいものになります。

続いて二つ目の重要テーマをお伝えします。

それは、「横のつながりを大切にしよう」です。

さきほど、「受け継ぐ」をひとつめのテーマとしてお話しましたが、これはいわば「たてのつながり」。時代をつなぐものです。しかし、この横のつながりはまた別モノで、言い換えれば「連携」。プロジェクトや事業をより強化したいと願うならば、常に「連携」を大切にしていく必要があります。

なぜ、そんなことをしていく必要があると思いますか？

それは、山をイメージしてもらえると理解しやすいでしょう。

山脈という言葉があるように、山は連なるからこそ、壮大になる一面があります。それと一緒なのです。つながって、つながって、どんどんひとつのプロジェクトを強化していく。この思考が大切になります。

八白の年は、たこ足を広げるがごとく、いくつも新しいことにチャレンジすると痛い目をみる傾向があります。今あるものを連携して鍛えていく。これを実行してみてください。きっと、より充実した結果になるはずです。

八白の年は、まるで山が噴火するがごとく、大きな革命が起きやすい一年でもあります。連携して強化してもうまくいかないと判断したときは、思い切って「革命」を起こす気概を持つこと。あなたがイノベーターになるのです。

その勇気さえあれば、あなたは、目の前にある大きな壁を乗り越えることができるでしょう。

ただ、注意してほしいことがあります。革命を起こすときは、連携を意識しても、物事がどうしても行き詰まってしまったり、うまくいかなかったりする場合のみです。

ある程度うまくいっていることは、今年はやめてはいけません。状況がどうしても切迫したときのみ、「革命」を起こしてみてください。なにしろ、今あるものを**継続**していくことが命題の八白年です。まずは、継続していくことを努力してくださいね。

「火の九紫《きゅうし》」の年
1991年、2000年、2009年、2018年、2027年

火の九紫の特徴は『易経』の中にある「離為火（りいか）」という原典で、家系の信仰を受け継ぎ、良き指導者に付いて、優しさと謙虚さを養い飛躍することが天命。

特徴

●人々は情熱的になる年（ただし、熱しやすく冷めやすい）。
●隠れていたものが浮かび上がる（表に出る）年。
●芸術がブームになる年。
●余計なものと離別することで運気が舞い込む年。

幸運を掴むキーワード

●情熱的かつ感性豊かに

九紫年の最大の特徴は、『これまで隠れていたことが一気に明るみになる』ことです。

１９９１年に起きた「バブル崩壊」。アメリカとのプラザ合意から始まり、１９８６年〜１９９１年の間、「バブル経済」が続きました。日本史上、空前の好景気。企業だけでなく、個人もどんどん銀行から融資を受け、ありとあらゆる土地を買いあさりました。その後、金融引き締め政策によって土地の価値が暴落。バブルが崩壊しました。

では、ここで考えてみましょう。

なぜこの年にバブルが崩壊したのでしょうか。バブルのはじけるタイミングは、何もこの年なくてもよかったはずです。

その答えは、1991年はナインコードで「火の九紫」の年だったからです。バブル崩壊は、「日本の土地神話」を払しょくしました。1990年に国が発動した金融引き締め政策から始まり、1991年の地価税法の施行によって、土地神話は終わったのです。これは、九紫年による「全てを明るみにする力」で、土地神話の実態が見える化したと捉えてよいでしょう。

また、『易経』の中にある「離為火（りいか）」の作用には、「これまで存続していたもの、くっついていたものが離れる」という性質もあります。

ソ連の崩壊がそうです。これまで抑圧されていた反動もあるとは思いますが、九紫の年ならではの「人々の熱い気質」こそが、これまでのソ連の在り方を変えたのだと推測できるのです。

自然災害については、火山の噴火が顕著です。2018年の火の九紫年は、異常に火山の噴火が目立ちました

・３月６日　霧島連山新燃岳（九州）で爆発的噴火が発生
・５月３日　キラウエア火山（ハワイ島）で噴火が発生
・６月28日　アグン山（インドネシア・バリ島）で噴火が発生
・７月26日　マナロ火山（バヌアツ共和国）で大規模な噴火が発生

このように大規模噴火が４つもあったのです。ここ近年では、一年でこんな数の噴火はありません。

また九紫の夏はかなり熱い夏になります。

２０１８年の九紫の夏、深刻化し始めたのが「水不足」でした。

山形県の米沢市では、７月の降水量はわずか44・5ミリで、１９７６年の観測開始以降最少。米沢市の水がめ綱木川ダムの貯水率は、なんと平年の４割以下となるなど水不足の状態が続きました。

同時に、関東の利根川上流のダム群で一番に大きい八木沢ダムも、貯水率が低下したというニュースもありました。全国的に水不足や干ばつを引き起こしたのです。１９６４年、関東地方での歴史的な渇水「オリンピック渇水」が起こりましたが、この１９６４年も「火の九紫」の年でした。

「火の九紫」の年に注目すべきポイントはまだあります。

『艶やかで華美なファッション』が話題を呼ぶ年ということです。

「火の九紫」の特性でもある『美』を意識する力。それが、地球規模で働き、人々に反映される傾向が強くあります。ファッションは機能性よりも見た目が重視されます。九紫の一年は人々の気持ちが高揚するので、ちょっと派手目なファッションが流行る傾向にあるのです。

さらには、「火の九紫」の年には、芸能人、著名人、経済人、政治人たちのスキャンダルも例年より多くなる傾向があります。前回の「火の九紫」の年、

２００９年でも、プロゴルファーのタイガーウッズの不倫騒動、鳩山首相の資金管理団体をめぐる偽装献金問題などが明るみになりました。

幸運を掴むキーワードは「情熱的に、かつ感性豊かに」です。感性豊かにするために、例年以上に美術などに触れておくのもいいでしょう。

2021年〜2024年の傾向

それぞれのナインコードの年の特徴が分かりましたか？

これであなたは十干十二支とナインコードの特性を知りました。

それを踏まえ、２０２１年〜２０２４年、十干十二支、ナインコードで見る傾向を覗いていきましょう。


２０２１年〜２０２３年は過去の答え合わせになりますが、あなたなりに昔を思い出しながら、その年の出来事を当てはめてみましょう。

【2021年　辛丑（かのとうし）天の六白】

特徴●辛さを伴って世の中が激変

紆余曲折しながらもトライ＆エラーを繰り返した人物だけが成功を収める
【辛】辛い時の中で新しい人生観を持つ。
【丑】物事を結ぶ力が発揮されるとき。物事をはじめても、なかなかうまくいかない。トライ＆エラーを繰り返しながら創造性を高めることが成功の鍵。
【天の六白】リーダーシップを発揮する。政府主導でお金が回り投資も活発に。

【2022年　壬寅（みずのえとら）ガイアの五黄】

特徴●人の想いがふくらみ、つながる（伝承）とき

信頼できる人物を見出し、次へとつながる志を大切にするとき。想いを表面化し、一気に伸び進むことができれば成功を手にできる。
【壬】課題を一つ一つ解決しよう。信頼できる人を見極めよ。
【寅】伸びる進む時期　秘蔵された潜在的な意思が一気に発動
【ガイアの五黄】社会は強いエネルギーに包まれる。意志の強さがそのまま成功の要因に。

【2023年　癸卯（みずのとう）風の四緑】

特徴●綿密な計画と実行が成功カギに

見切り発車は要注意。これまでの困難な課題を解決し未開拓の地を開拓すれば、人生を豊かにできる。
【癸】原理原則に従い計画・実行するとき。後手に回ると衰退の道へ
【卯】未開拓の地を「開拓」するとき。事業が軌道に乗る時期。

【風の四緑】選択と集中が成功の近道。遠方にチャンスがあり。社会は執着心が薄くなり、新しいものに関心を寄せる。平和や平等意識が国民に高まる。

【２０２４　甲辰（きのえたつ）雷の三碧】

特徴●新しい法則やルールが誕生するとき

社会は活力に満ち溢れ、勇気をもって奮い立つことで機運が回ってくる。潜在化されていたものが社会に浸透し始め、新時代の本格的なスタートに。

【甲】はじめよう。新しいルールを作ろう。

【辰】活力に満ち溢れているときで「奮い立つ」時期。色々な問題が発覚する時期、障害物を除去する時期。

【雷の三碧】社会は感性豊かになり、個々人の行動力が高まる。

第6章

十干十二支×ナインコードで2025年～2032年の傾向を見る

ここでは、２０２５年〜２０３２年までの傾向を十干十二支とナインコードで見ていきましょう。

本来、こうした内容は、毎年やっている「**時読み®講座**」でお話ししている**超有料級の内容**なのですが、今回は還暦のお祝いと感謝の気持ちを込めて！（笑）少しだけお教えします。まずは、参考にしてください。

あなたの未来計画を立てるのにも役立つでしょう。

特に50代のみなさん！

これで還暦までの人生計画を立てると、素晴らしい還暦が迎えられますよ！

時読み®講座 2025
2025年「乙巳（きのとみ）」の年に起こることは何か？
「時読み®講座」で明らかに！
https://miraia.co.jp/toki2025/

【2025年 乙巳（きのとみ）大地の二黒】

従来の慣習から抜け出すときです。新しい活動を創造性と努力、柔軟性をもって行うことで活路を見出しましょう。古い社内慣習や組織体制を打ち破って乗り越えましょう。無償の愛で人を支えることで運気は回ってきます。人々の気質は穏やかです。人を支える事業やビジネスが発展します。

〈好転のポイント〉

巳は「**蛇の脱皮**」をイメージすると分かりやすいでしょう。物事が一旦終って、また「新しく始まる」時期です。ただし、外部環境の抵抗は強く一筋縄ではなかなかうまくいきませんが、志を貫き通して進めていきましょう。また、一つのやり方に固執せず、状況に応じて様々な工夫をするなど、柔軟に対応することで目標を達成していきましょう。

〈注意ポイント〉

巳では、これまで隠れていた諸問題が表面化します。

また、乙は地表の下に埋もれている種から出た芽が、地表を目指して伸びている様子を表しますので、表面化した諸問題に対して、この段階で努力をしなければ、改革（新しい取組み）は日の目を見ることはないでしょう。

従来の慣習に染まった仕事の進め方から抜け出し、陽気を受けて、新しい活動を始めましょう。生成・発展に向けた、新しい創造的な歩みが大切です。

なお、二黒の年は、「基盤を固める」のに最適な年です。生活の基盤作り、会社の基盤作りをするとよいでしょう。産業基盤という意味では、設備投資や技術、資本の蓄積、生産効率の向上を目指す年でもあります。

二黒は大地の星であることから、土地の選定、用地買収にも適しています。人で言うと、努力や誠実さ等が問われる年になります。

【２０２６年 丙午（ひのえうま）水の一白】

まっすぐに前を見るときです。新しい活動が次第に浸透してきます。リーダーシップをもって、発展的で創造性の高い仕事をすれば活路が見い出せます。反体勢力によって弱みを握られ突き上げを食らうこともあるので注意が必要です。信念に沿って、思い切った行動をしましょう。

〈好転のポイント〉

この時期は、改革・改善を阻害する要素に対し、上手に対処していく時期です。丙の時期には、乙で伸び悩んでいた事業が伸展します。事業を積極的に拡大しましょう。キーワードは「前に進む」です。

こうした中、時には権力を用いた活動も必要になるでしょう。トップダウン型のリーダーシップを発揮しましょう。また丙は「明るく燃える」意味があり、「明るい」「情熱」「生きがい」等のキーワードが話題になります。

〈注意ポイント〉

改革により既得権益を失った人や組織、新たに負担が増えた人や組織から不満の声が上がります。組織のリーダーが適切な対応をしない場合、反抗勢力が権力を握ろうとします。

陽気がまだ充満しているものの、陰気が生じ、陰陽二気がまさに激突しようとしている大変重要な時期です。冷静で真剣な態度で事態に臨みましょう。

一白は「協調」「融和」を象徴します。人脈等のネットワークの構築、新しい組織の誕生、M&Aが活発になります。また、一白は一滴の水が寄り集まって大きな川となることから、「小さなものから巨大なものへ成長するスタート」の時期というメッセージがあります。

一方、「貧しさ」「寂しさ」「病気の蔓延」といった言葉もキーワードです。そして、「秘密（漏えい）」「不信」が命取りになりやすくなるので注意しましょう。

【2027年 丁未（ひのとひつじ）火の九紫】

事務繁雑化、人事の停滞、問題は山積みになりがちです。無駄なことが成功を妨げるので、仕組みの簡素化を心がけましょう。ファッションや美術などが話題になり、創作活動を通じて成功を掴む人も増えます。情熱的に物事に取り組む人が増え、社会は明るく陽気になるでしょう。

〈好転のポイント〉

これまでの取組みや経営方針が的を射たものであれば、この時期に「一定の成果」が生まれます。しかし、一般的に「丁未」は、繁栄の中の内憂外患《ないゆうがいかん》の状況を表します。

既存勢力は依然として繁栄を誇りますが、繁栄に伴う事務の繁雑化や人事の停滞などで、内部の風通しが悪くなりがちです。

加えて、丁の時期というのは在来勢力と新興勢力との衝突を目前に控えた重大な時期や状態にあります。無駄な枝を剪定《せんてい》して「風通しを良く」し、「明るく」しましょう。社内に活力がよみがえります。

〈注意ポイント〉

ムリな仕事、ムダな仕事、ムラのある仕事をなくし、組織に活力をつけることを心がけましょう。

この時期は、事務が繁雑化し、コミュニケーションのパイプが細ります。末節の雑事を思い切って省き、会社や組織全体にイキイキとした活力を取り戻しましょう。

【２０２８年 戊申（つちのえさる）山の八白】

内憂外患の事態が一層増大していくときです。思い切った簡素化、効率化をしましょう。人間としての成長を努力でつかむときです。強い精神力を磨けば、運気は回ってきます。人々の気持ちは落ち着き、動きは一点にとどまりやすいです。信仰心も芽生えますので、革命のごとくリーダーシップを発揮し、社会を動かす人も出やすいでしょう。

〈好転のポイント〉

この時期は「伸びる」「進展する」時期です。ただし、伸びる過程においては、それなりの苦労や障害があります。こうした試練に負けず、自らの信念を貫き、努力邁進しましょう。

なお、「申」には「伸びる」、戊には「茂る」という意味があることから、戊申の時期には新しく発生した諸々の事柄が複雑になったり、拡大したりします。旧勢力による改革に伴う諸々の矛盾が噴出したりすることも。

こうした状況に対して、テキパキと問題の処理に当たることができれば、事業は大発展するでしょう。思い切ってムリな仕事、ムダな仕事、ムラのある仕事をなくし、組織に活力をつけることが大切です。

〈**注意ポイント**〉

現状の組織体制や待遇に不満を持った従業員が現れます。あらゆる分野で、新しい勢力や反対勢力の動きが一層盛んになり、事態が紛糾します。果断に対処して、冬の難しい時期に備えましょう。

【2029年 己酉（つちのととり）湖の七赤】

ゆるんだ規律を正そうとする力が働きます。物事の秩序が保たれるときです。物事を整える（改善・改革する）ことで事業も活発化し、成功を掴めるでしょう。

人間味を高める年でもあり、純粋な気持ちで行動することで機運が舞い込みます。また、コミュティやエンタメが爆発的に流行る年になり、癒しも人々は求めます。

コミュティビジネスは流行り、民間主導で経済は動きます。

〈好転のポイント〉

様々な施策を見直したり、新たな仕組みに改めましょう。大切な指針は「筋道を通すこと」「物事を秩序立てること」「緩んだ規律を正すこと」です。

そうすれば、熱心に取り組んできた事業活動に「成果」が生じます。

社内外に生じる諸問題を適切に解決しながら、熱心に取り組んできた改革事業に対して、成果が現れるでしょう。

〈注意ポイント〉

内部で熟成されてきた新しい勢力がいよいよ爆発します。

歴史的にも酉は革命の時期です。

己はその後を承けて筋道をはっきり通すことが大切です。これに反して利己的なことをすると、失敗を招きます。酉は、物事の成就、成熟を意味する一方、革命的な勢力の醸成・爆発の意味をもちます。それだけに自らの姿勢を正し、筋を通して事に当たりましょう。

【2030年 庚戌（かのえいぬ） 天の六白】

個人、家庭、企業、国家、すべてにおいて簡素化と効率化を進めましょう。

あらゆる停滞と惰性を一掃し、これまでの古い慣習が終わりを告げます。新しい発想の息吹が生まれるときです。停滞する空気を一新することで未来への活路が見い出せます。

リーダーシップを発揮することで成功をつかむチャンスが生まれ、お金の流れは政府主導で活発になります。

〈好転のポイント〉

「事務を簡素化」して、「活力を内蔵」する時期です。会社が繁栄の極みに達して、社員の活力が出しつくされた状態。

それだけに余分な事物を思い切って整理し、次の時期に備える体制を作ることが大切です。

業務の簡素化を図り、詰まっているコミュニケーションパイプの汚れを取り、意思疎通が問題なくできる社内環境を整えましょう。

〈注意ポイント〉

これまでいい加減な事業活動をしていた場合は、会社が致命傷を負うでしょう。末節の雑事を切り捨てて事態を簡素化し、繁茂し過ぎて沈滞している空気を一新して、次の段階に向け内部を整えましょう。

【2031年 辛亥（かのとい） ガイアの五黄】

これまで繁栄していたことが反対勢力等に突き上げられ、ぴったりと止む年になります。その代償として辛いことが起き、痛みも生じます。学びを徹底し、強い思いを抱き、翌年からに備える年にすると運気が舞い降りてくるでしょう。ガイアの五黄の波動を受け、思いがそのまま成功につながります。何が何でも成し遂げるという強い意志をより持つべき年です。

〈好転のポイント〉

「エネルキーを内蔵」する時期です。この時期は様々なエネルギーが内蔵されます。愛と智慧のエネルギーを充填して、これからの事業活動に発揮していきましょう。一方、亥の時期に内蔵されるエネルギーが「不満」である場合、「辛亥」の時期は新旧両勢力が、爆発的な大衝突を起こす」と言われており、非常に用心するべき時期とされています。

こうした不穏な時期に道を開くために、自らを刷新することを強く意識しましょう。今までの生き方や仕事の仕方の延長線ではなく、新しく生まれ変わるくらいの覚悟を持って、思い切った改革をしましょう。

〈注意ポイント〉

今までの取組みがいい加減である場合、突然何が起きるか分からないような、緊迫した不安定な事態となります。辛で失敗すると取り返しのつかない事態に入ってきます。特に「辛亥」は、古来、内外の矛盾が噴出する革命勃発の年とされています。

膨大なエネルキーを内蔵していて、それがいつ、突然爆発するか分からないだけに、自重・自戒して、活力を自分や社内にためておきましょう。

【2032年 壬子（みずのえね）風の四緑】

社内の様々な事務や手順がどんどん繁雑になります。新しいはじまりに向け、残った課題を見つめなおすときです。物事をはじめる際には、背後に何があるかを意識することが大切です。社会は公平性を求め、風通しのよい社会を求めます。風通しの良い社会を目指すリーダーたちが増えます。

〈好転のポイント〉

壬の時期にすべきことは、課題を一つひとつ解決することです。しかも、その諸問題は「内側」にあることが多いことを「壬」は暗示します。

特に十二支が子であり、子には「はびこる」という意味があることから、壬子の時期の取り組むべき仕事は非常に多くなりがちです。こうした「壬子」の時期を無事に乗り越えるには、「事に当たるリーダーどのような人物か」が大切な課題となります

〈注意のポイント〉

社内外に新しい問題が発生します。社内外にずる賢い人物や私利私欲にかられた人物など、よからぬ人物がはびこることがあります。

こうしたことに備えて、社内外の問題を解決できる人や本当に信頼できる人材を、常日頃から確保しておくことが重要となります。

「時」の学びをあなたへ

さて、十干十二支の学びはいかがでしたか？

還暦を迎えた人間は、本来、60の与えられた命題をクリアしているはずなのです。しかし現代では、十干十二支の教えを学んでいない人がほとんどのため、99％の人間があたれられた試練を全《まっと》うしていません。

60の命題を全て理解して実践すれば、あなたは揺るぎない精神性を持った強いリーダーになれます。この教えは、まだまだ奥が深く、今回教えきれていない部分もあります。しかし、本書で示した内容だけでも愚直に実践してみてください。必ず、あなたの人間性は飛躍的に向上します。

もし、あなたが進むべき道や行動の迷いが生じたら、今一度、本書を開いてください。今年は何をすべき年なのか？　迷いを解消するヒントが必ず書かれています。あなたの正しい方向性を指し示す、よき指南書になるはずです。

「時を得るものは栄え、時を失うものは滅ぶ」

私がいつも大切にしている、古代偉人からのメッセージです。

もし、あなたがもっと時のメッセージについて本気で学びたければ、**「時読み®認定講師」**として活躍してみませんか？　十干十二支をさらに深掘りして学ぶことができて、時の学びを自在にコントロールできるようになります。

そして、今年（２０２４年）も11月23日に「時読み®講座２０２５」が開催されます。本書を読んでいるあなたにとって、マストな学びです。詳細はまたお伝えしますので、必ず、チェックしてくださいね。

あなたも今年、還暦を迎えるなら、素敵に還暦を迎えてください。

第7章
バイオリズム

生まれ年別ナインコード早見表

水の一白	大地の二黒	雷の三碧	風の四緑	ガイアの五黄	天の六白	湖の七赤	山の八白	火の九紫
1918年 T7年	1917年 T6年	1916年 T5年	1915年 T4年	1914年 T3年	1913年 T2年	1912年 T元年	1911年 M44年	1910年 M43年
1927年 S2年	1926年 S元年	1925年 T14年	1924年 T13年	1923年 T12年	1922年 T11年	1921年 T10年	1920年 T9年	1919年 T8年
1936年 S11年	1935年 S10年	1934年 S9年	1933年 S8年	1932年 S7年	1931年 S6年	1930年 S5年	1929年 S4年	1928年 S3年
1945年 S20年	1944年 S19年	1943年 S18年	1942年 S17年	1941年 S16年	1940年 S15年	1939年 S14年	1938年 S13年	1937年 S12年
1954年 S29年	1953年 S28年	1952年 S27年	1951年 S26年	1950年 S25年	1949年 S24年	1948年 S23年	1947年 S22年	1946年 S21年
1963年 S38年	1962年 S37年	1961年 S36年	1960年 S35年	1959年 S34年	1958年 S33年	1957年 S32年	1956年 S31年	1955年 S30年
1972年 S47年	1971年 S46年	1970年 S45年	1969年 S44年	1968年 S43年	1967年 S42年	1966年 S41年	1965年 S40年	1964年 S39年
1981年 S56年	1980年 S55年	1979年 S54年	1978年 S53年	1977年 S52年	1976年 S51年	1975年 S50年	1974年 S49年	1973年 S48年
1990年 H2年	1989年 H元年	1988年 S63年	1987年 S62年	1986年 S61年	1985年 S60年	1984年 S59年	1983年 S58年	1982年 S57年
1999年 H11年	1998年 H10年	1997年 H9年	1996年 H8年	1995年 H7年	1994年 H6年	1993年 H5年	1992年 H4年	1991年 H3年
2008年 H20年	2007年 H19年	2006年 H18年	2005年 H17年	2004年 H16年	2003年 H15年	2002年 H14年	2001年 H13年	2000年 H12年
2017年 H29年	2016年 H28年	2015年 H27年	2014年 H26年	2013年 H25年	2012年 H24年	2011年 H23年	2010年 H22年	2009年 H21年
2026年 R8年	2025年 R7年	2024年 R6年	2023年 R5年	2022年 R4年	2021年 R3年	2020年 R2年	2019年 R1年	2018年 H30年

＜確認の仕方＞
上の早見表から、自分の生年月日をもとに「水の一白」から「火の九紫」のどこにあてはまるかを確かめてください。
（例）2005年11月11日生まれ＝「風の四緑」
※注意点
1月1日～2月節分の日（通常は2月3日）生まれの人は、前年の『9code』になります。

（例）2005年2月1日生まれ＝前年の9code →「ガイアの五黄」

バイオリズムとは？

ナインコードには「**バイオリズム**」というものがあります。それに素直に従うことで、運勢をより良くすることができるのです。バイオリズムとは、四季と同じで全ての人に平等に巡ってきます。運勢とは文字通りに「**運に勢い**」がつく時期です。人間にも自然界と同じ様に春夏秋冬の四季があります。

水の一白、大地の二黒、雷の三碧、
風の四緑、ガイアの五黄、天の六白、
湖の七赤、山の八白、火の九紫。

それぞれの詳細は割愛しますが、人は９つの属性に分けることができ、それぞれで今いるバイオリズムが異なります。

9年周期で巡るので自然界の法則と同じように種まきは春にやらないといけません。冬に種を蒔いても目は出ません。つまり、大きな決断（転職、開業、結婚など）は、冬は絶対にしてはいけません。正しい思考ができていないからです。自分に勢いのつく春や夏にするのがオススメです。

植物の種を想像してください。

冬に種まいても芽が出ませんよね？

人間には9年で春夏秋冬の周期があります。春の時期に畑を耕して種をまきます。夏に育て上げ（草取りをして）、自分が手入れをした分に見合った収穫が秋にあります。冬の時期は身体の状態も運気も停滞するので無理は何事もせず、それまでやってきたことを続けましょう。新しい事はしてはいけません。春から何をするか考えて、準備をするときです。

春　陽1年～陽2年　（種を巻く時期）
夏　陽3年～陽4年　（育てる時期）
秋　陽5・陰1年～陰2年　（収穫する時期）
冬　陰3年～陰5年　（蓄え、次に向かって計画する時期）

この四季を上手に利用する方が人生を豊かにしている方です。

２０２３年でいえば、陽1年にいる一白の人は新しいことを始める種まきの時期です。陽4年にいる四緑の人はパワーが溢れているので今を全力に過ごすとき、休んでなんかいられません。陰2年にいる六白の人は何かしらのいい結果が出る収穫のとき（種まきをしていない人は出ない）。陰5年にいる九紫の人は無謀なことは絶対にしてはいけない休息の時期にあたります。

たとえば、天の六白でこれまできちんと頑張ってきた人は、２０２３年は秋の収穫期（陰2年・七赤の部屋）にいて、9年間で最高の幸運がきます。

六白の代表的な人といえば大谷翔平選手。これまで野球に対してストイックに頑張ってきたからこそ、ＷＢＣで優勝するという最高の収穫を得ました。

問題は「冬の時期」。陰3年〜陰5年が冬とされますが、体調も運勢も9年に一度の冬眠の時期がやってきます。バイオリズムでいうと陰5年です。バイオリズムを知っている人やツイている人は、ちょっと停滞しているなと感じる程度ですが、何も知らない人は「私って何て不幸なの」と感じるくらい身体も運勢もマイナスになります（実は、私も２０２３年は陰5年でした）。

この時期は、運気がガクッと落ちてしまいますが、気にする必要はありません。睡眠と休養をしっかりと取り、学びを深めることで翌年から活きてきます。陽1年〜陰5年まで、それぞれのバイオリズムで気をつけるべきポイントがあります。以下、まとめましたので参考にしてください。

各バイオリズムで気をつけるべきポイント

陽1年

「無償の愛」が最大のテーマ（見返りは求めない）。縁の下の力持ちになることを徹底しよう。睡眠をしっかりと取って体力を保とう。何でもやりすぎはダメ。じっくりペースを調整して動くこと。

【学ぶべきこと】新しい学問（種まき）
【実践すべきこと】人への支援
【幸運のキーワード】落ち着いた行動

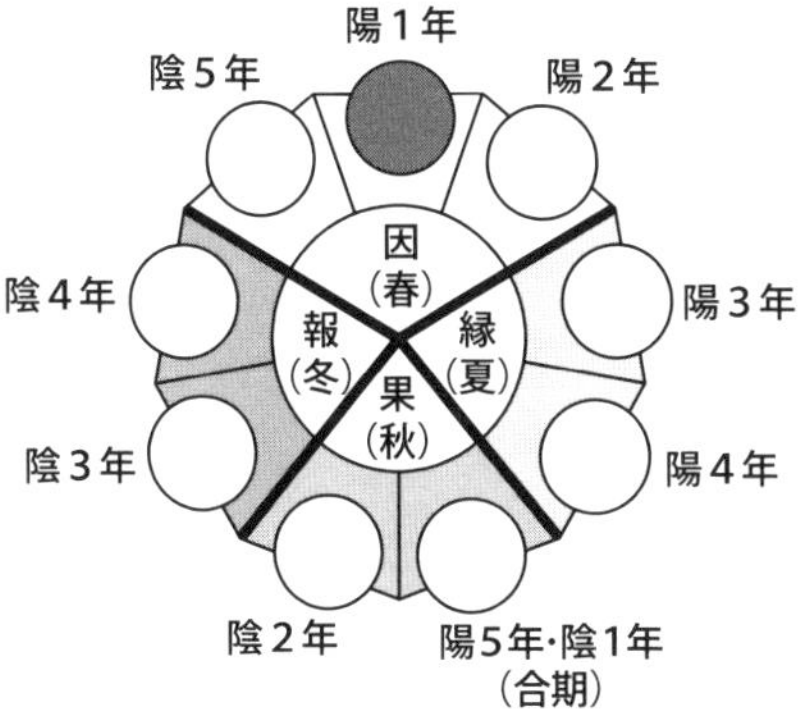

陽2年

夢を明確に描きながら何でもチャレンジを続けよう。何か新しいことを「最低3つ」は始めること。流行に敏感になることが大切なので、SNSや流行雑誌をチェックして、トレンドを押さえましょう。

【学ぶべきこと】スピードと行動力（感性を磨く）
【実践すべきこと】流行のチェック・トレンド発信
【幸運のキーワード】最新のアイテム

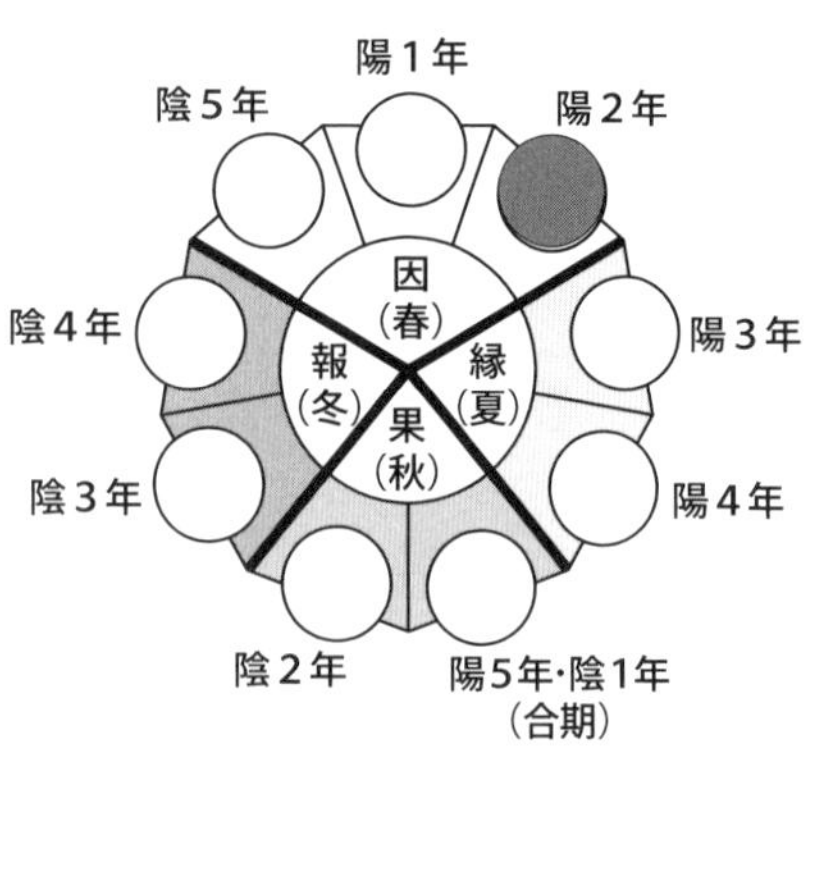

陽３年

影響力を持った人になることが使命。情報を常に追い求め、人様の役に立つように編集して発信せよ。絶好調な一年のため、仕事を頑張ろう。ここで怠けると成長が遅くなる。人との縁をつなぐことを意識し「報・連・相」を徹底することで運気がやってくる。遠方（海外）へ出かけて視野を広めることも忘れずに。

【学ぶべきこと】影響力の磨き方
【実践すべきこと】たゆまぬ情報発信
【幸運のキーワード】旅

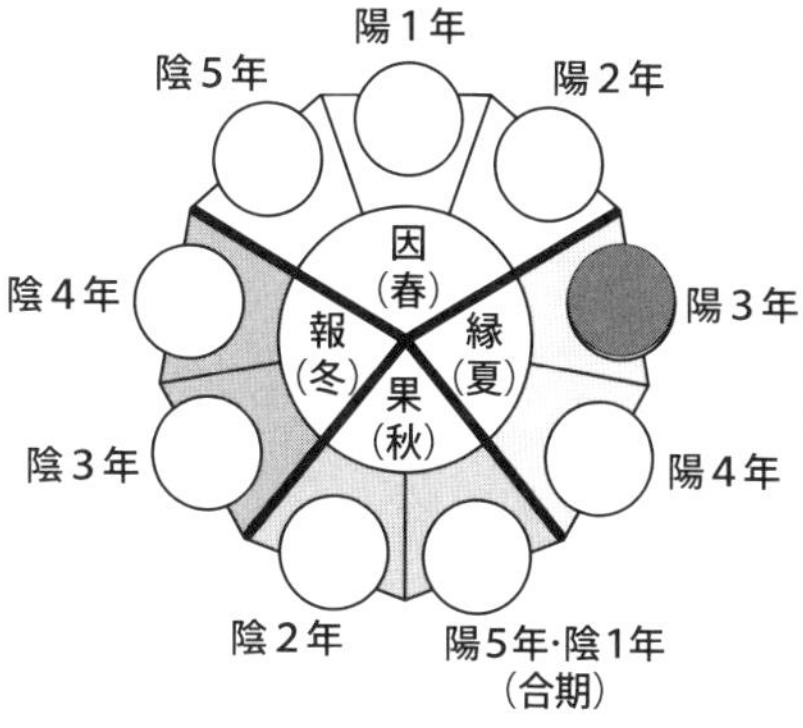

陽4年

9年に一度のトップスピード期が来ました。あなたを止めるものは誰もいません。やりたいことは躊躇なしに全部やる。これが成功の秘訣になります。ネバーギブアップの精神を忘れずに。「破壊と創造」がテーマ。お金やモノ、名誉にこだわらずに、何事も実践ありきで行動しましょう。多少寝なくても大丈夫なので、とにかく仕事にプライベートに充実させましょう。

【学ぶべきこと】思い立ったもの全部（起業もベスト）
【実践すべきこと】破壊と創造
【幸運のキーワード】人脈

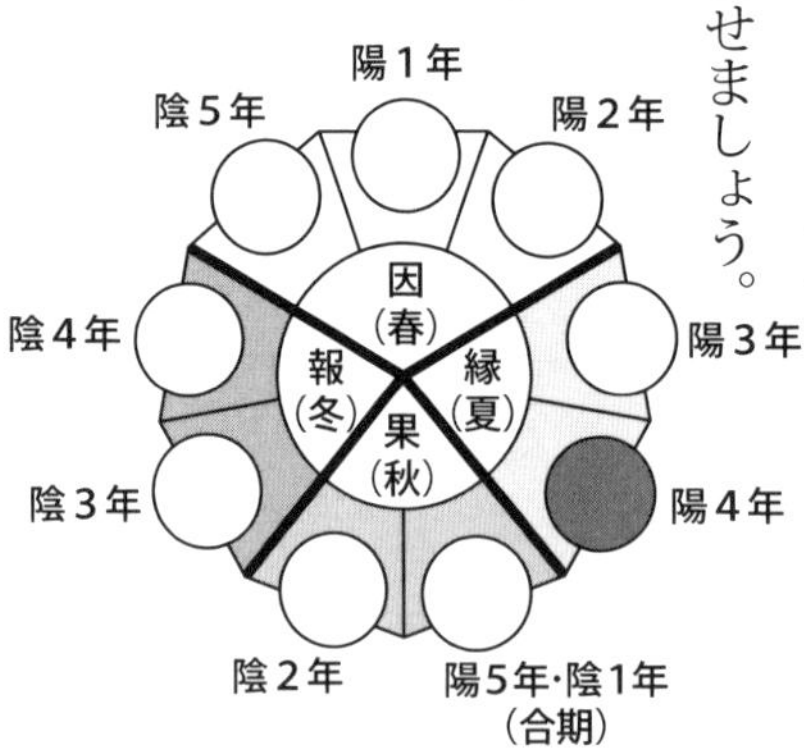

陽5年・陰1年

リーダーシップを発揮しつつ、強い意志で物事を推進していこう。ただし、「過剰」と「慢心」には要注意。過剰にやりすぎて体を壊すのも、慢心して足元をすくわれるのもこの一年。正義感を忘れずに、バランスよく行動していこう。

【学ぶべきこと】自己改革の方法
【実践すべきこと】リーダーシップ
【幸運のキーワード】日々の運動

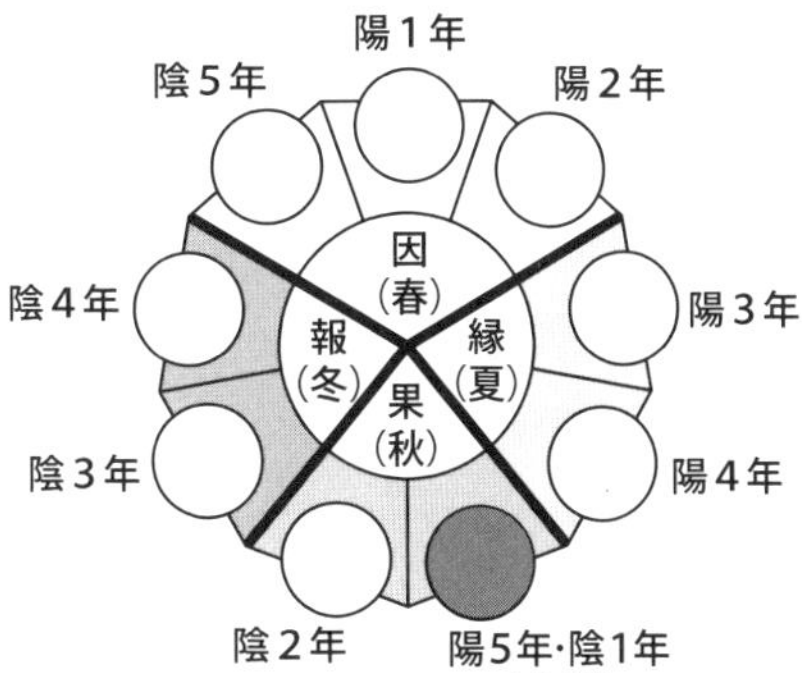

陰2年

待ちに待った収穫の時。あなたは何を収穫しますか？　何を収穫したのかを意識しながら過ごす一年。そして、トーク力を磨き、「口」で人を喜ばせるのがテーマ。モノや情報を人に伝える訓練を徹底してやろう。何事もゆったりと構え、落ち着きを持って行動しよう。

【学ぶべきこと】トーク力　表現力
【実践すべきこと】ＳＮＳでの情報発信
【幸運のキーワード】エンタメ

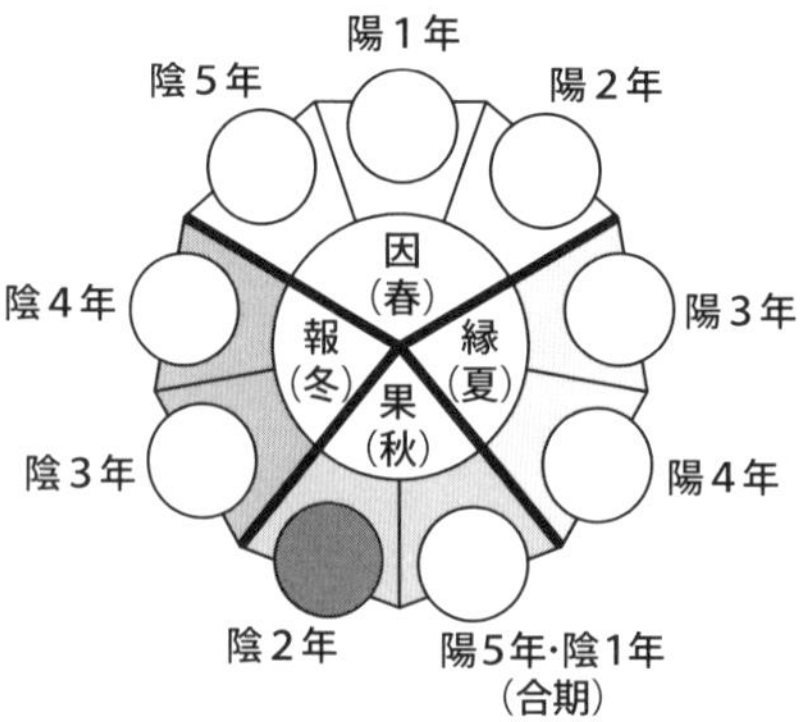

陰3年

9年に一度の革命の年。イノベーションが命題。何か大きな変革をする一年となります。自分のフィールドをもってどっしりと構えるのも良い。頑固にならないように気を付けましょう。

【学ぶべきこと】自己改革
【実践すべきこと】イノベーション　他者との連携
【幸運のキーワード】祈り

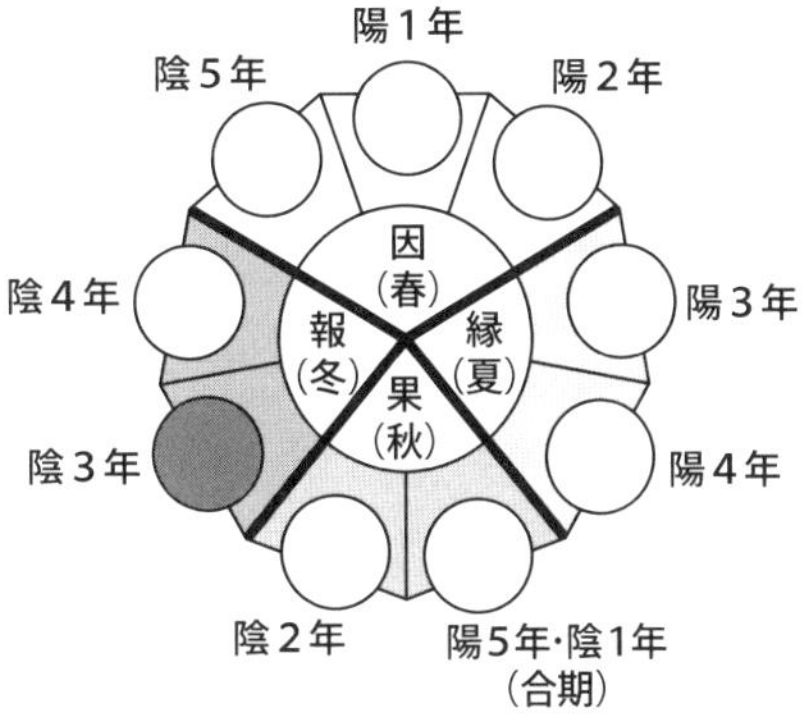

陰4年

発明家になる一年。熱い情熱を持って、先見の明を磨き、アイデアで勝負していこう。いつもメモ帳を持って、思いついたことをメモしよう。表現力を磨き、情報発信にも力を入れる年。創作活動に力を入れよう。専門的なことに集中してやってみよう。

【学ぶべきこと】アイデアの作り方

【実践すべきこと】表現活動　創作活動

【幸運のアイテム】芸術品

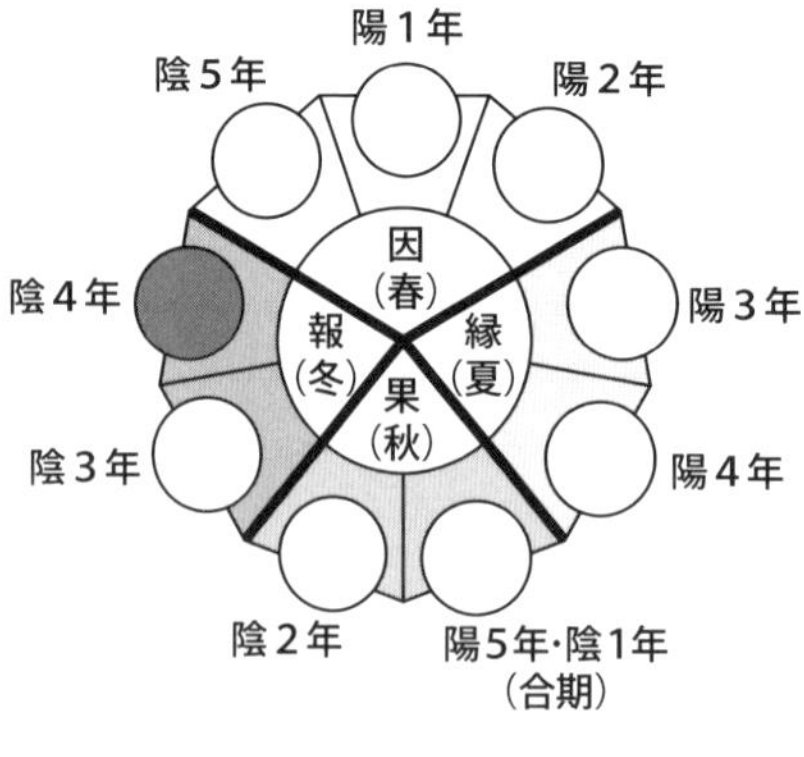

陰5年

エネルギーは落ち、頭の冴（さえ）はなくなります。無闇に新しいチャレンジはしてはいけません。バイオリズムがよい参謀を雇い、意志判断は任せましょう。心を静め、睡眠を十分に取ろう。モノ忘れ、うっかりミスが多発するので注意。栄養を十分取り、健康を心がけましょう。未来への計画表を作成しよう。

【学ぶべきこと】来年に向けてのインプット
【実践すべきこと】健康を意識した生活
【幸運のアイテム】快眠グッズ

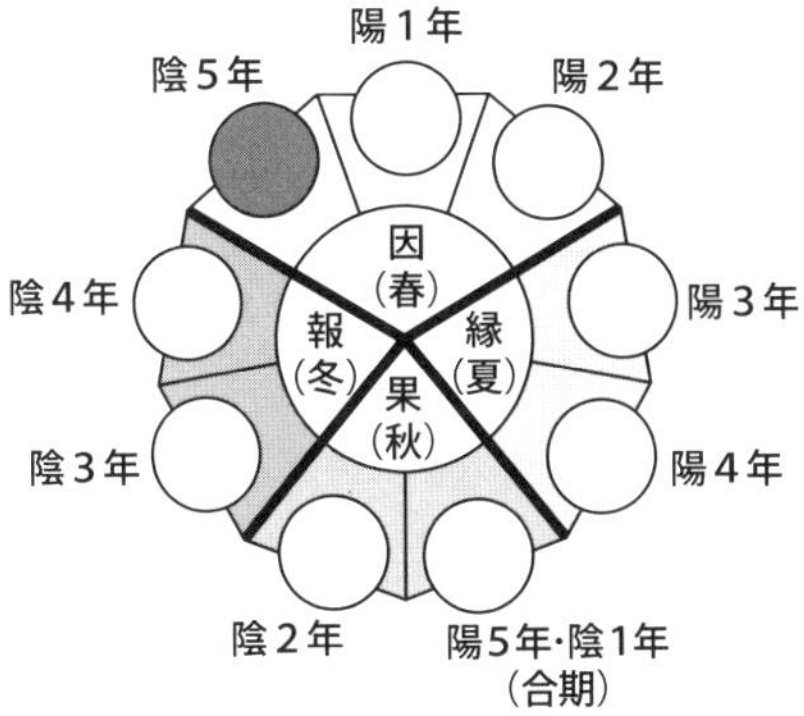

補足

陽1年～陰5年まで、一年周期で回ってきます。例えば、水の一白の人は2024年は陽2年、2025年は陽3年になります。念の為2024年のそれぞれのナインコードのバイオリズムを載せておきます。参考にしてください。

2024年バイオリズム（2024年2月3日～2025年2月2日）

水の一白　陽2年
大地の二黒　陽3年
雷の山壁　陽4年
風の四緑　陽5年・陰1年
ガイアの五黄　陰2年
天の六白　陰3年
湖の七赤　陰4年
山の八白　陰5年
火の九紫　陽1年

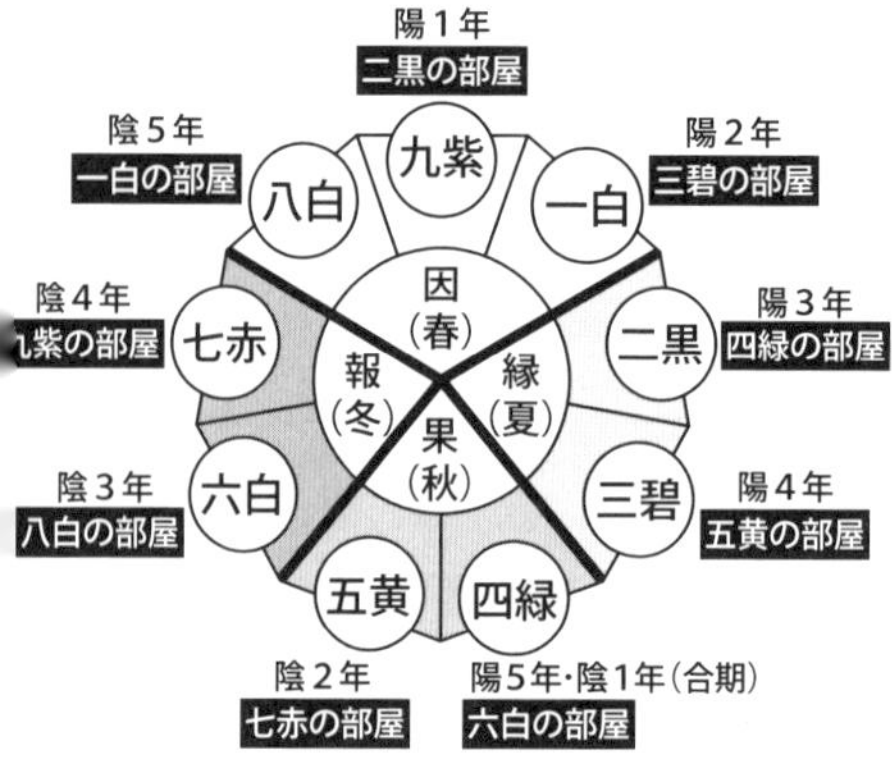

部屋の概念

ここからは「部屋の概念」についてお話ししましょう。

実は、一人一人バイオリズムによって、所属する部屋というのがあります。その部屋によって、今、受けている波動であったり、やるべきことやってはいけないことがさらにはっきりとわかるのです。

例として2023年の各ナインコードの部屋をお教えましょう。

水の一白の人　**二黒の部屋**に入る
大地の二黒の人　**三碧の部屋**に入る
雷の三碧の人　**四緑の部屋**に入る
風の四緑の人　**五黄の部屋**に入る

ガイアの五黄の人　**六白の部屋**に入る
天の六白の人　**七赤の部屋**に入る
湖の七赤の人　**八白の部屋**に入る
山の八白の人　**九紫の部屋**に入る
火の九紫の人　**一白の部屋**に入る

※２０２３年以降のバイオリズムも掲載してておきます。９年でひとまわりします。

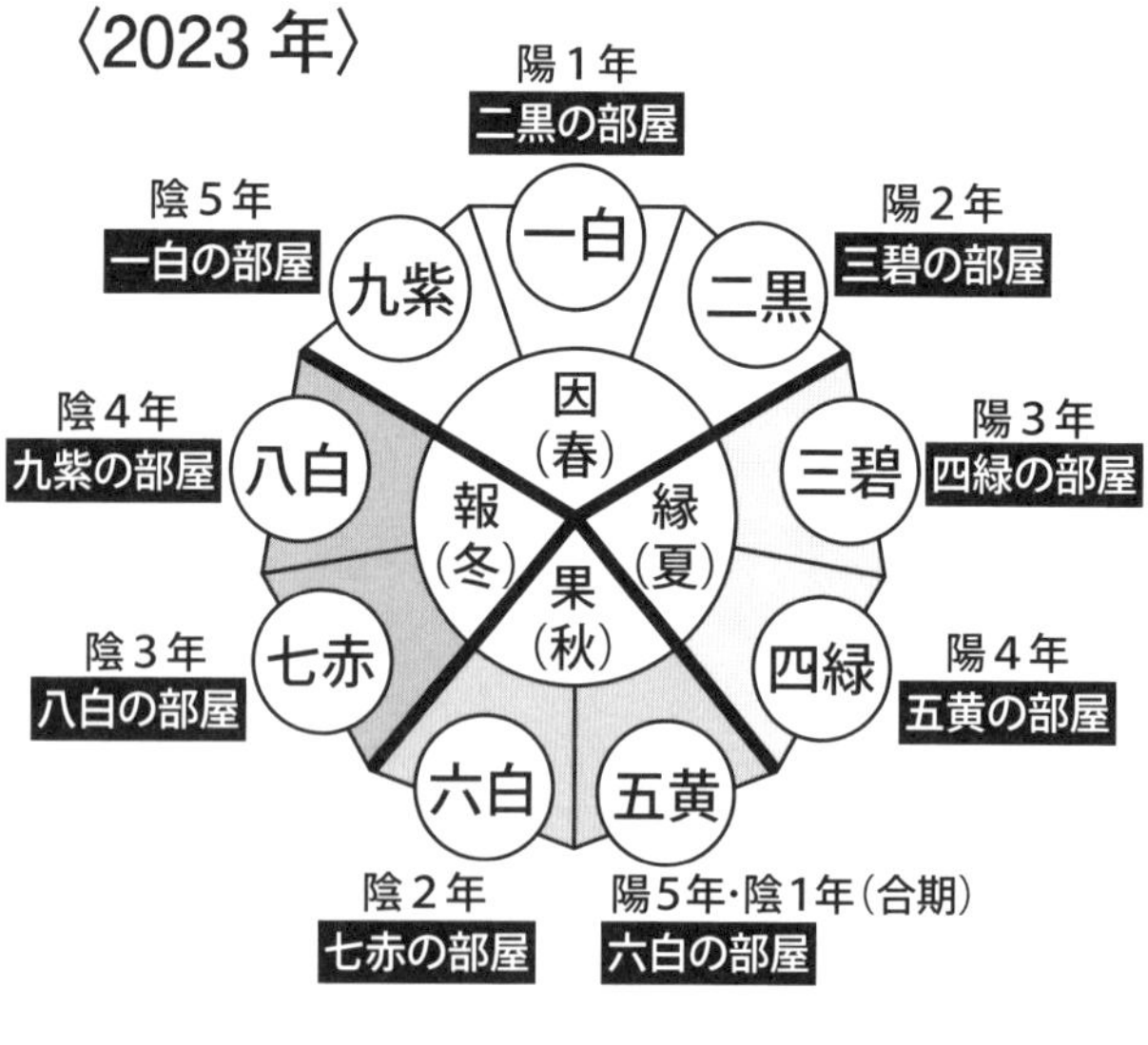

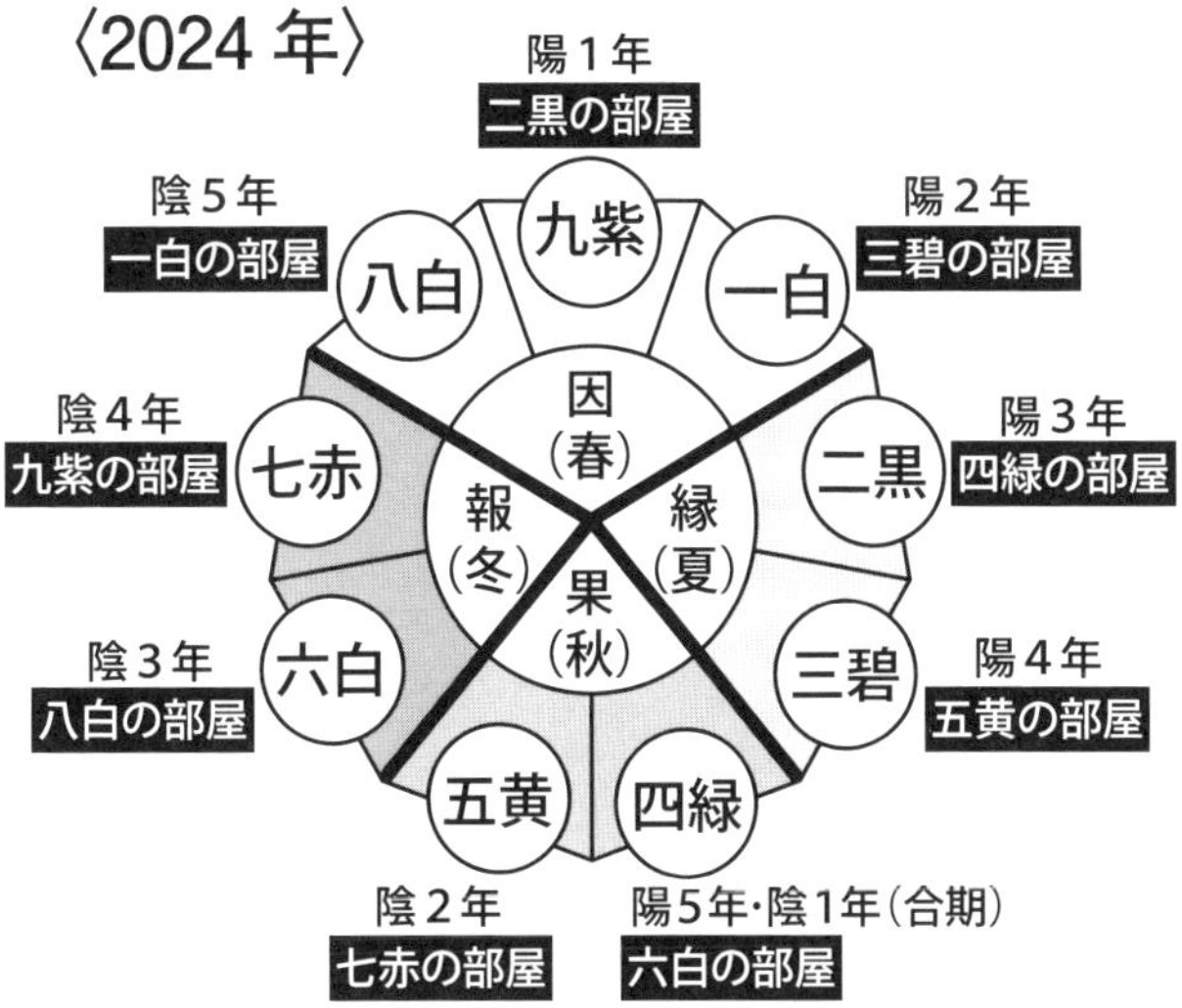
〈2024年〉
陽1年
二黒の部屋
陽2年
三碧の部屋
陽3年
四緑の部屋
陽4年
五黄の部屋
陽5年・陰1年（合期）
六白の部屋
陰2年
七赤の部屋
陰3年
八白の部屋
陰4年
九紫の部屋
陰5年
一白の部屋
九紫
一白
二黒
三碧
四緑
五黄
六白
七赤
八白
因
（春）
縁
（夏）
果
（秋）
報
（冬）

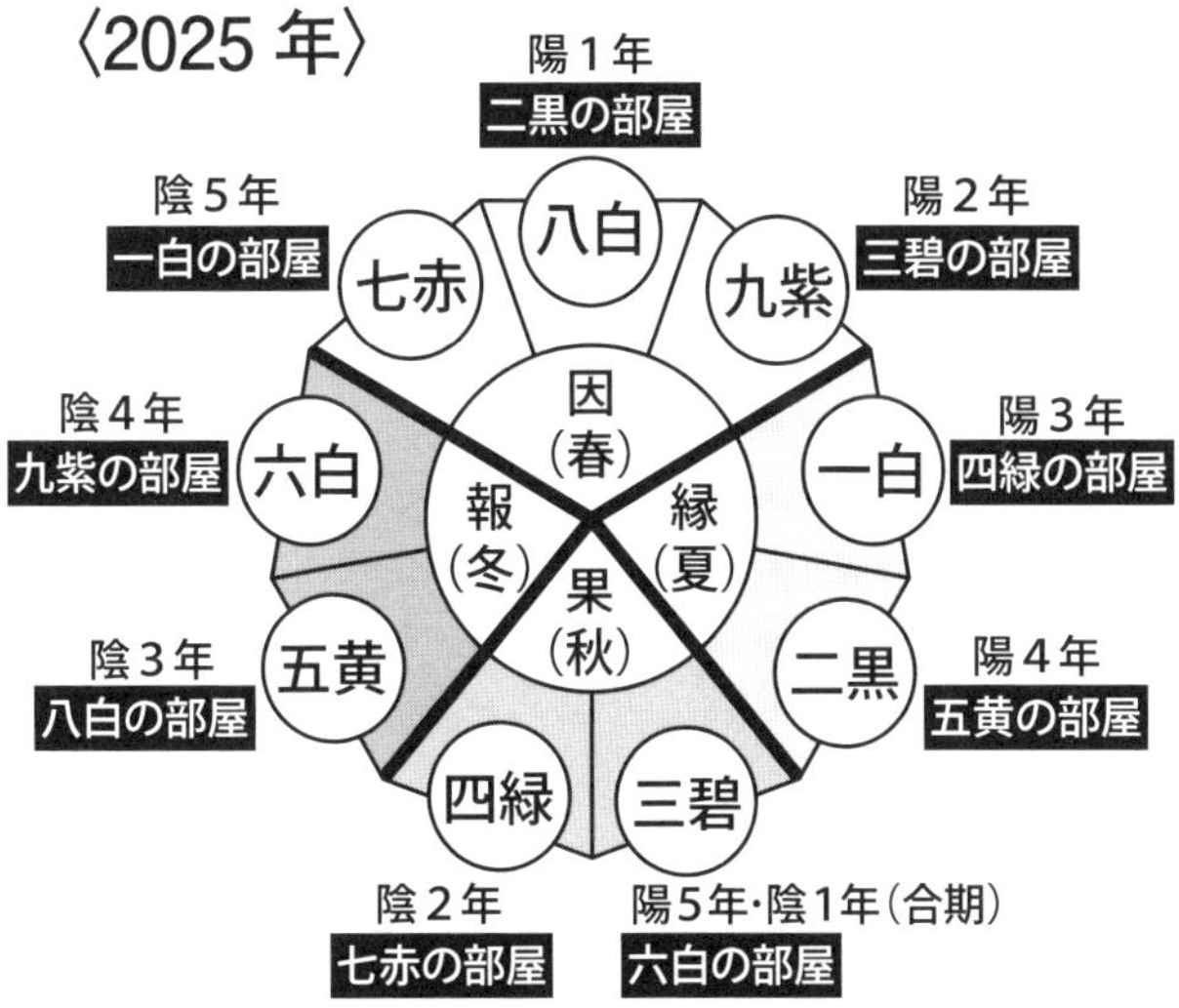
〈2025年〉
陽1年
二黒の部屋
陽2年
三碧の部屋
陽3年
四緑の部屋
陽4年
五黄の部屋
陽5年・陰1年（合期）
六白の部屋
陰2年
七赤の部屋
陰3年
八白の部屋
陰4年
九紫の部屋
陰5年
一白の部屋
八白
九紫
一白
二黒
三碧
四緑
五黄
六白
七赤
因
（春）
縁
（夏）
果
（秋）
報
（冬）

〈2026 年〉

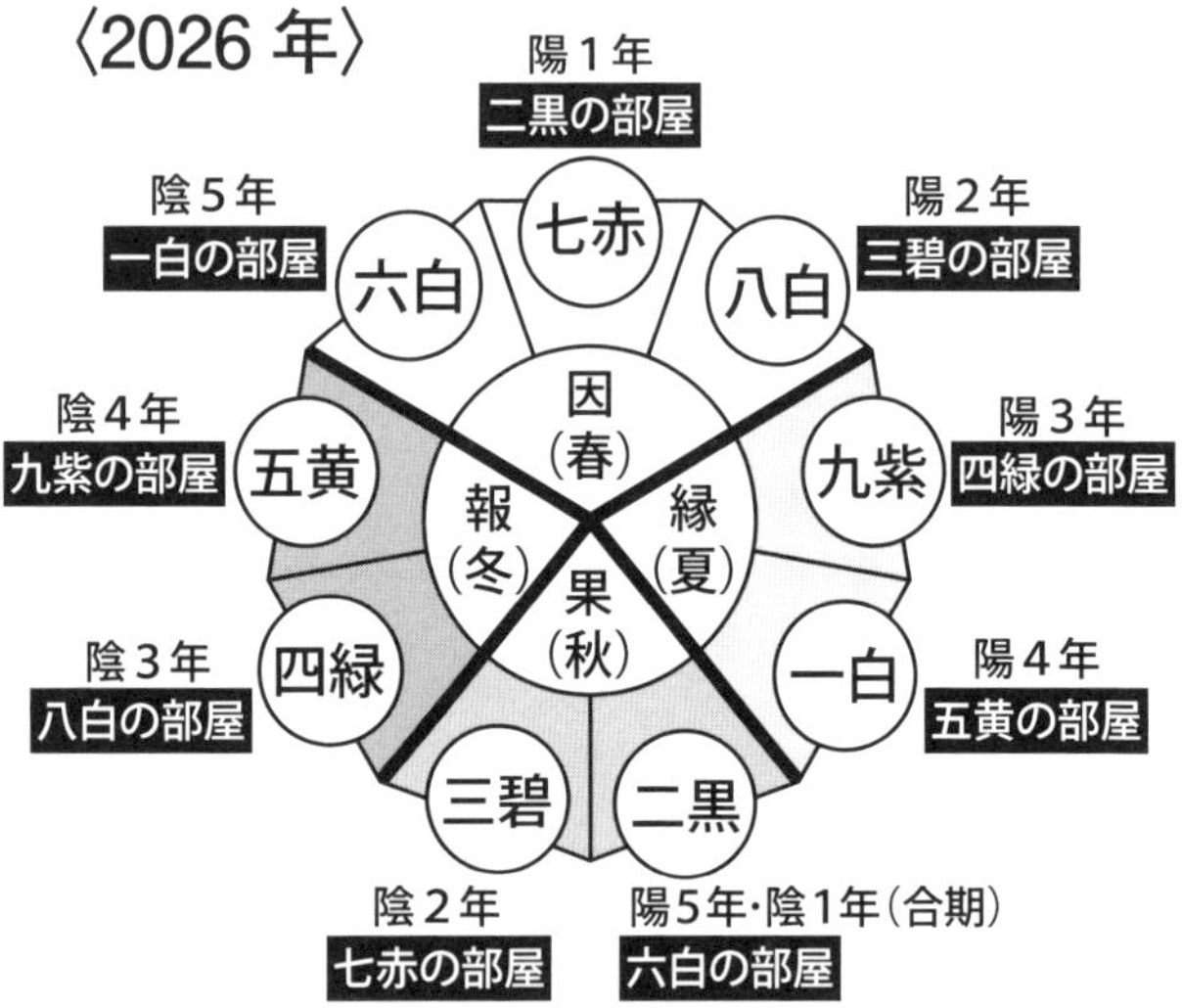
陽 1 年
二黒の部屋
七赤
陽 2 年
三碧の部屋
八白
陽 3 年
四緑の部屋
九紫
陽 4 年
五黄の部屋
一白
陽5年･陰1年（合期）
六白の部屋
二黒
陰 2 年
七赤の部屋
三碧
陰 3 年
八白の部屋
四緑
陰 4 年
九紫の部屋
五黄
陰 5 年
一白の部屋
六白
因（春）
縁（夏）
果（秋）
報（冬）

〈2027 年〉

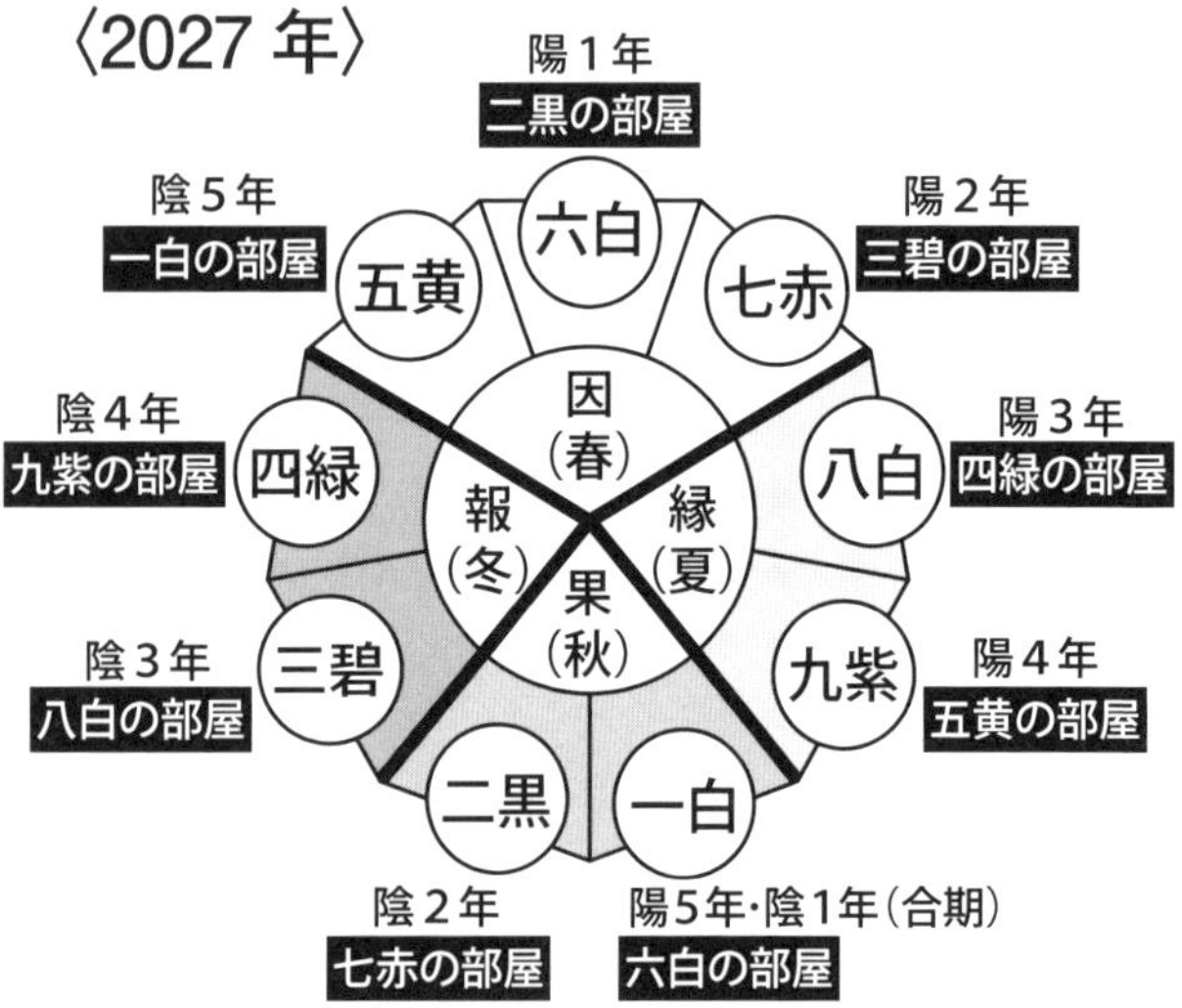
陽 1 年
二黒の部屋
六白
陽 2 年
三碧の部屋
七赤
陽 3 年
四緑の部屋
八白
陽 4 年
五黄の部屋
九紫
陽5年･陰1年（合期）
六白の部屋
一白
陰 2 年
七赤の部屋
二黒
陰 3 年
八白の部屋
三碧
陰 4 年
九紫の部屋
四緑
陰 5 年
一白の部屋
五黄
因（春）
縁（夏）
果（秋）
報（冬）

〈2028年〉

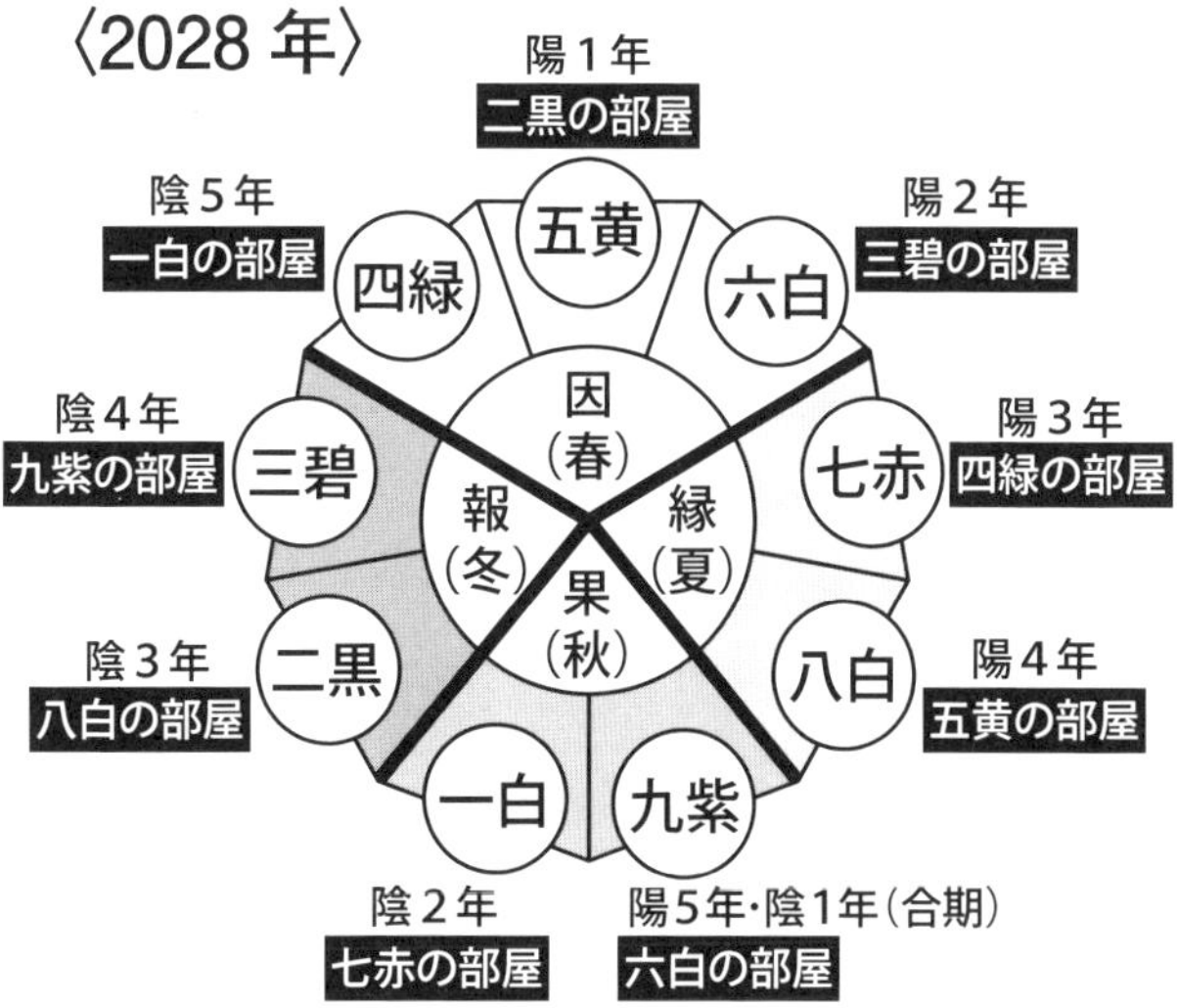
陽1年
二黒の部屋
五黄
陽2年
三碧の部屋
六白
陽3年
四緑の部屋
七赤
陽4年
五黄の部屋
八白
陽5年・陰1年（合期）
六白の部屋
九紫
陰2年
七赤の部屋
一白
陰3年
八白の部屋
二黒
陰4年
九紫の部屋
三碧
陰5年
一白の部屋
四緑
因（春）
縁（夏）
果（秋）
報（冬）

〈2029年〉

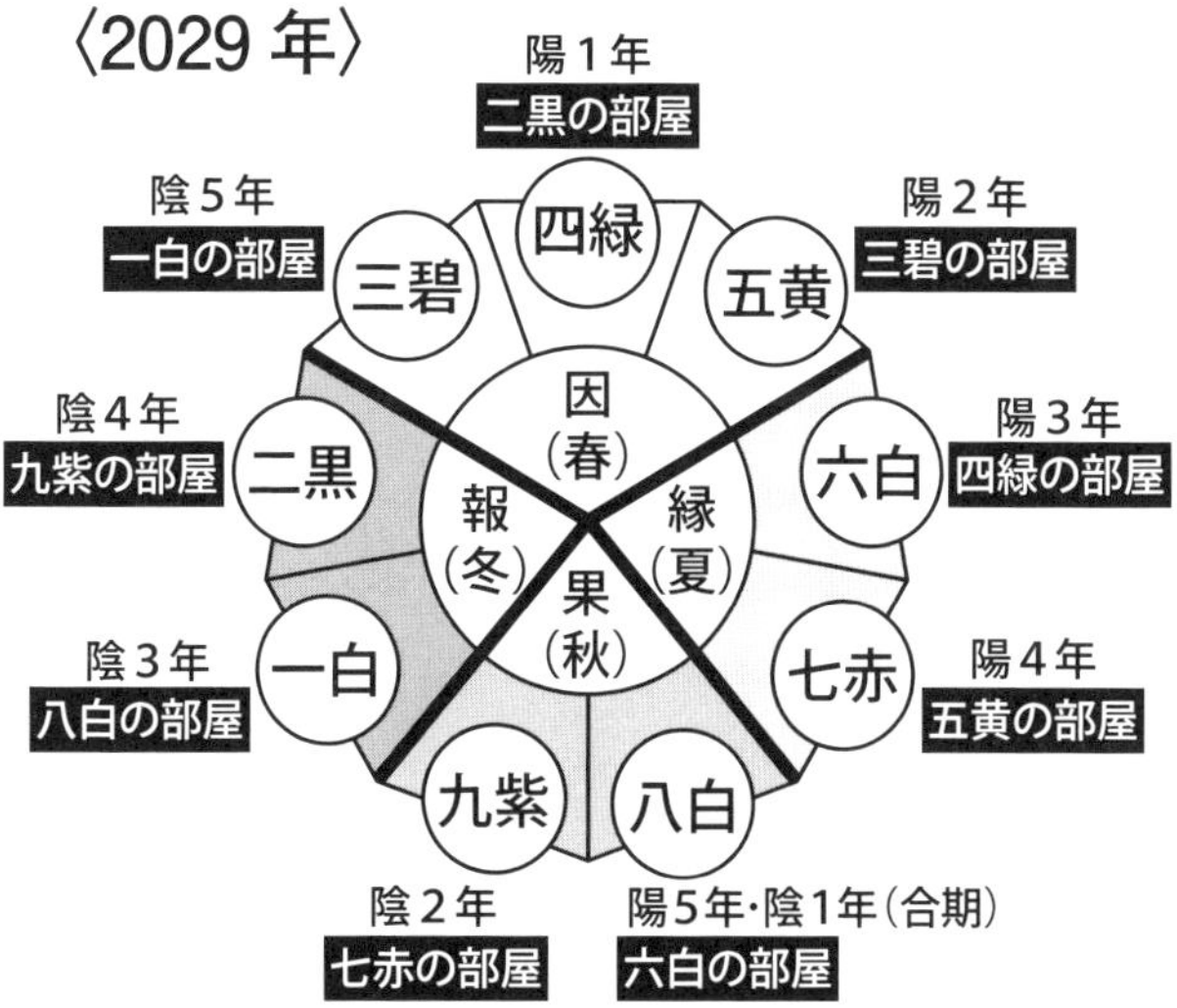
陽1年
二黒の部屋
四緑
陽2年
三碧の部屋
五黄
陽3年
四緑の部屋
六白
陽4年
五黄の部屋
七赤
陽5年・陰1年（合期）
六白の部屋
八白
陰2年
七赤の部屋
九紫
陰3年
八白の部屋
一白
陰4年
九紫の部屋
二黒
陰5年
一白の部屋
三碧
因（春）
縁（夏）
果（秋）
報（冬）

〈2030 年〉

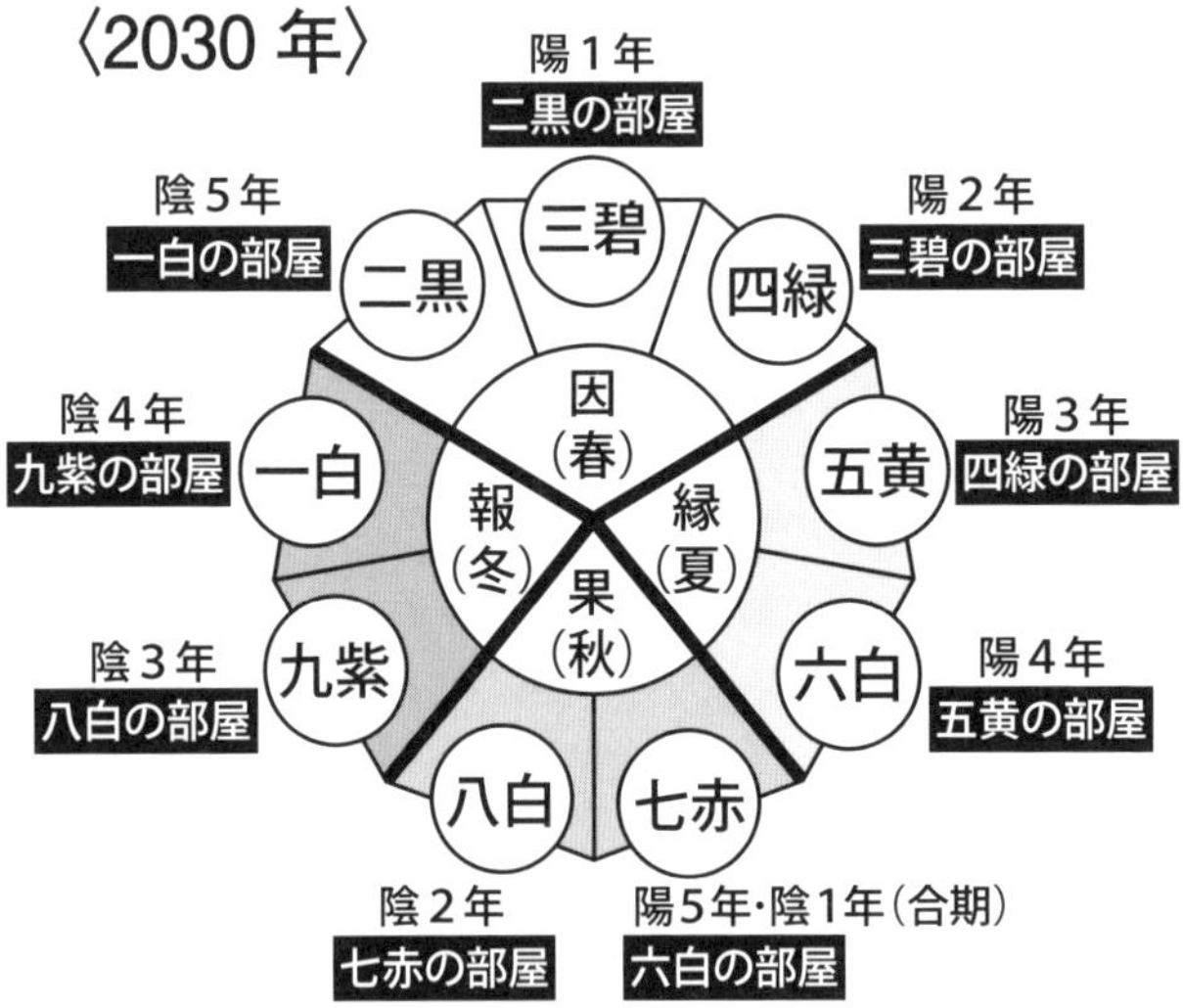
陽 1 年
二黒の部屋
陰 5 年
一白の部屋
陽 2 年
三碧の部屋
陰 4 年
九紫の部屋
陽 3 年
四緑の部屋
陰 3 年
八白の部屋
陽 4 年
五黄の部屋
陰 2 年
七赤の部屋
陽5年・陰1年（合期）
六白の部屋
三碧
二黒
四緑
一白
五黄
九紫
六白
八白
七赤
因
（春）
縁
（夏）
果
（秋）
報
（冬）

〈2031 年〉

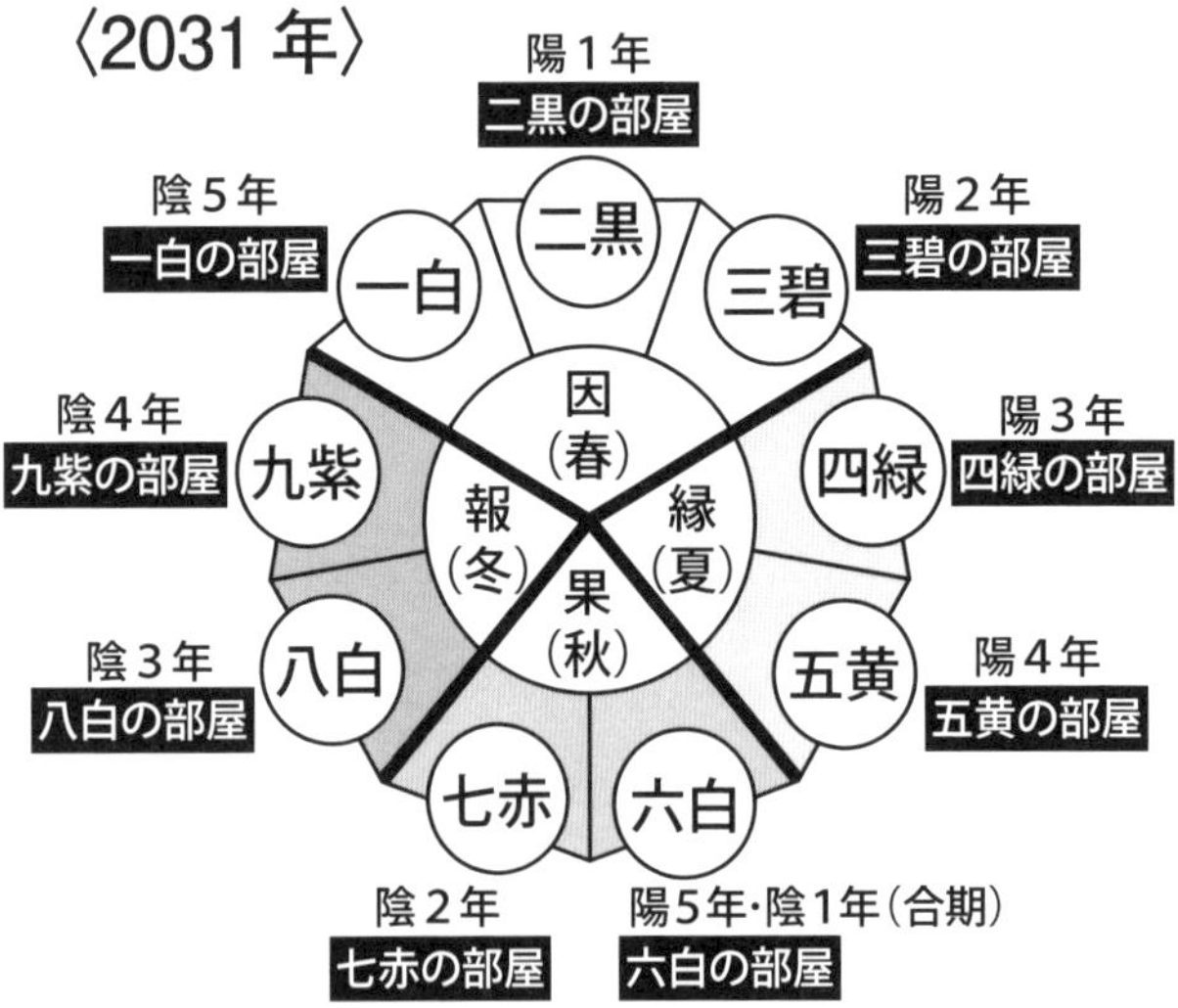
陽 1 年
二黒の部屋
陰 5 年
一白の部屋
陽 2 年
三碧の部屋
陰 4 年
九紫の部屋
陽 3 年
四緑の部屋
陰 3 年
八白の部屋
陽 4 年
五黄の部屋
陰 2 年
七赤の部屋
陽5年・陰1年（合期）
六白の部屋
二黒
一白
三碧
九紫
四緑
八白
五黄
七赤
六白
因
（春）
縁
（夏）
果
（秋）
報
（冬）

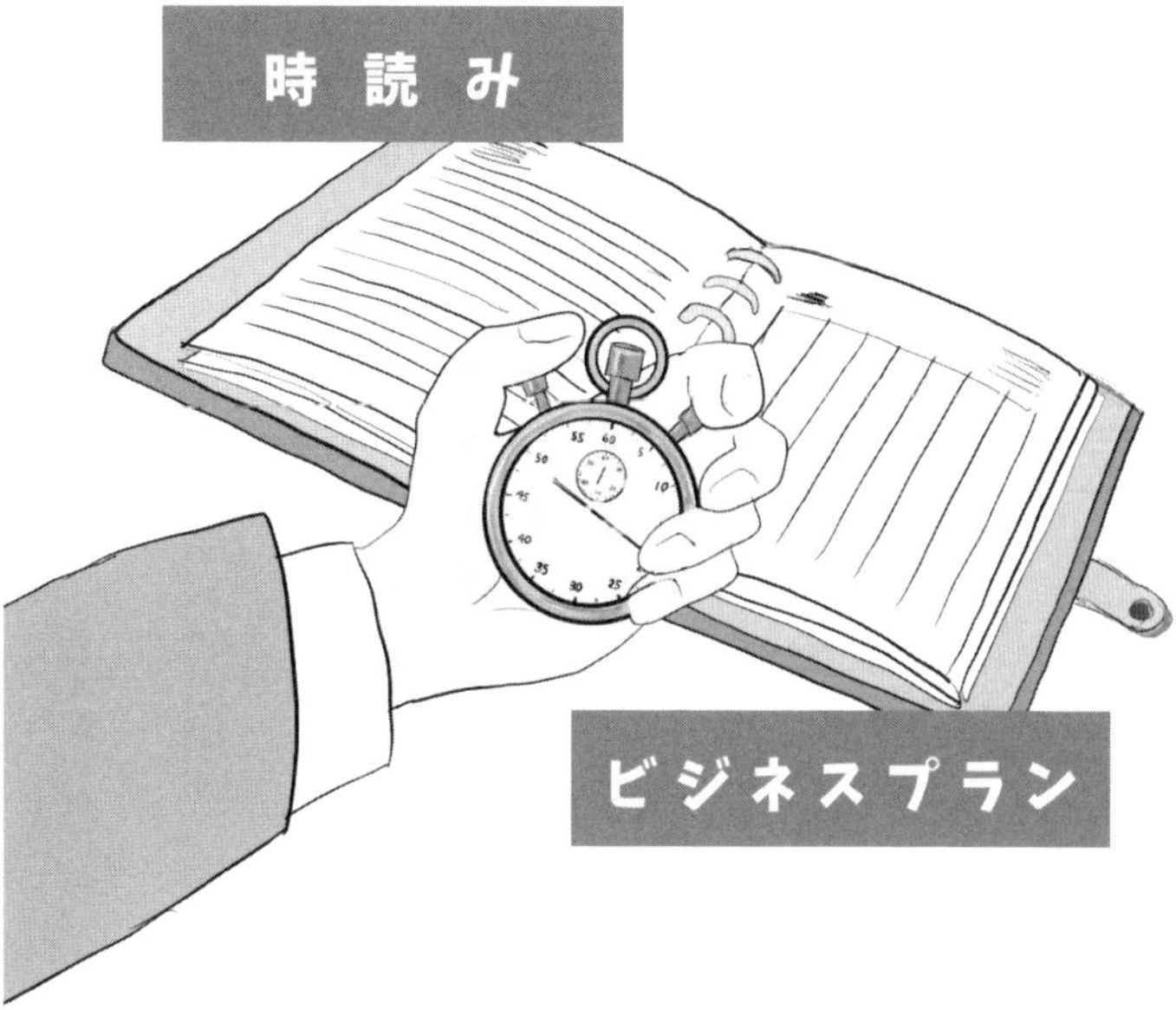
時読み
ビジネスプラン

一白の部屋

「水の一白の部屋」（以下「一白の部屋」）です。【陰5年】にあたります。「一白の部屋」にいるときのあなたに与えられた命題は多々ありますが、特に注意してほしいポイントは3つです。

●体と頭を休めるために休養をしっかりとること
●頑固にならずに、明るく柔軟な心を持つこと
●とにかくメモをとること

これは「水の一白人」の大事な特性です。そして、彼らが自分の人生を好転へと導くために大切にすべきポイントでもあります。この部屋（一白の部屋）にいる人は、この3つだけはしっかり押さえてほしいのです。「水の一白」の特性を意識した心構えを持ち、行動をとることで、【陰5年】の一年に対して、成功への道がグッと開けます。

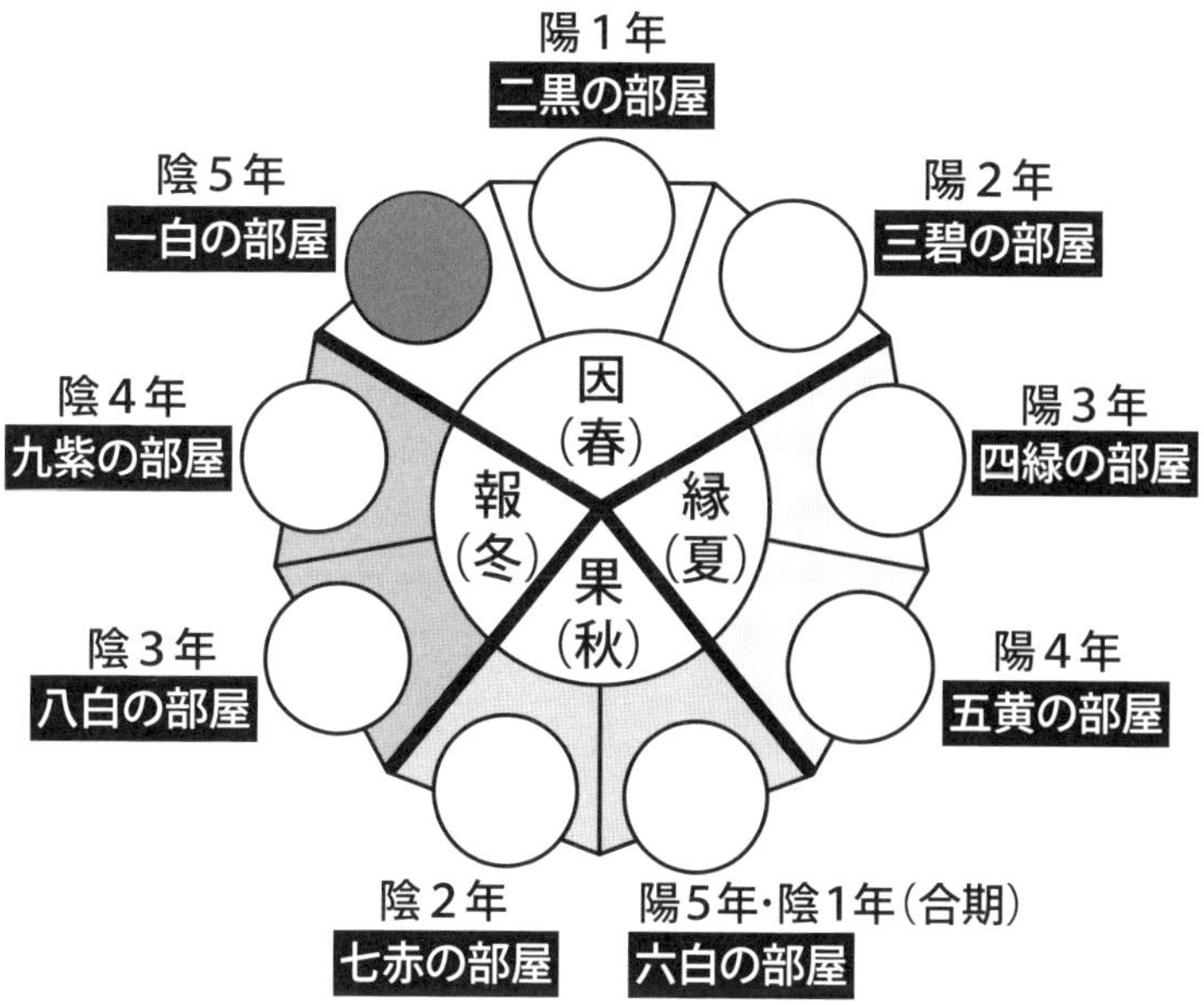
陽1年
二黒の部屋
陽2年
三碧の部屋
陽3年
四緑の部屋
陽4年
五黄の部屋
陽5年・陰1年（合期）
六白の部屋
陰2年
七赤の部屋
陰3年
八白の部屋
陰4年
九紫の部屋
陰5年
一白の部屋
因（春）
縁（夏）
果（秋）
報（冬）

そして、重要なことがもうひとつ。
もし、あなたがいま「一白の部屋」にいるならば、可能な限り、「水の一白人」と接してみてください。なぜなら、【陰5年】において、あなたがお手本（先生）にすべきは、「水の一白人」だからです。

365日毎日、「水の一白人」として、その特性を発揮し続けているのですから、今年のあなたにとっての大先生です。
著名人はもちろん、あなたの身近な人でもいいです。有名な「水の一白人」が書いた本を読むでもいいですし、講演会を聞きに行くでもいいのです。見習うべき「水の一白人」を見つけ、その人の思考や行動を参考にするだけでも、失敗やミスのない、充実した【陰5年】を過ごすための「心構え・行動の指針」としてのヒントが必ずあるはずです。

ぜひ、そのヒントを学び、強運に満ち溢れた最高の【陰5年】を過ごしましょてください。

う。そして「水の一白」としての素晴らしき人間性も、この一年で身に着け

「一白の部屋」にいる人は、バイオリム的には【陰5年】の位置にいます。【陰5年】は9年に一度、エネルギーをチャージすべき時期であり、体が疲れやすいときです。

疲れが溜まっているから、冷静な判断もしにくいのです。だからこそ、睡眠をしっかりとって、体を休ませることが大切です。

「水の一白人」は「9code（ナインコード）」の中でも、最も試練が多いのが特徴でした。ですから、次から次へと自分にとって慣れないことや初めてのこと、難しいと感じることがやってくる一年になるはずです。

その難題に立ち向かうためにも、十分な休養としての「睡眠」は欠かせません。睡眠が少ないと、明日への活力が生まれないのです。

なかなか頭が働かない【陰5年】の時期だから、「何で頑張ってるのにうまくいかないんだ！」と卑屈になったり、意地を張って頑固になってしまったりする人も多くいます。もし、この時期にそんな気持ちを感じたなら、思い出してください。いま、自分は「水の一白」の部屋にいるということを。そうです。あなたは「水」なのです。「水」サラッとは柔らかく、爽やかです。この「水」の性質を見習うことが大切です。

【陰5年】の時期は多くの試練があり、壁にぶつかることも多いでしょう。しかし、その壁を乗り越えるのに、ひとつの方法に固執するなど、意地（頑固）になってはいけません。何事も柔軟な心で、物事に臨んでください。うまくいかなかったら、その方法は（今年は）ダメなのです。柔軟に切り替えることが大切です。

「ひとつの道だけを考えずに、常に新しい道を模索する」そういった気持ちさえ忘れなければ、物事は好転します。これが、来年の「二黒の部屋」での一年にもつながるのです。

「一白の部屋」での心がけとして、もう一つ大事なこと。それが「メモをとること」です。この部屋に入ったら最低10冊はメモ帳を買いましょう。

「どうしてメモ!?」と思う方もいるかもしれません。しかし、これがとても重要なのです。「一白の部屋」にいるということは、「水の一白」の波動を受けるということ。「水の一白人」によく見られる、性格的に何事もサラッとした傾向が表れがちです。

加えて、【陰5年】のエコノミーモードも影響して、記憶力も低下し、物事を忘れがちです。だからこそ、大切なことを忘れないようにするためにメモが重要なのです。

私自身、この「9code（ナインコード）」を知るまでは大変でした。【陰5年】の「一白の部屋」にいるときは、注意はしていても記憶違いをよくしていたものです。特に多かったのが、打合せなどのダブルブッキング。重要なことはそれほど忘れませんが、日常的な打合せなどになると、これまでできていた頭の中での日程調整が不思議とうまくいかないのです。

この【陰5年】において、忘れがちになるアポイントやスケジュール調整ミスによって、状況によっては人からの信頼をも失うこともあります。

次の年からはイケイケの【陽】の時期に入るというのに、ここで周囲からの信頼を失うのはあまりにもったいないことです。メモを確実にとり、しっかりとしたスケジュール管理を心がけましょう。

ここで思いついた**ひらめきをメモ**し、来年からの事業やビジネスに生かすのが吉です。

二黒の部屋

「大地の二黒の部屋」（以下、「二黒の部屋」）です。【陽1年】にあたります。「二黒の部屋」にいるときのあなたに与えられた命題は多々ありますが、特に注意してほしいポイントは以下の3つです。

●縁の下の力持ちに徹しましょう！
●目上の人の意見には従うこと！
●見返りを求めずに行動しましょう！

この3つは、「大地の二黒人」の特性です。そして、彼らが自分の人生を好転へと導くために大切にすべきポイントでもあります。「二黒の部屋」にいる人は、この3つだけはしっかり押さえてください。

〝大地の二黒の特性〟を意識した心構えを持って行動をすること。それこそが、【陽2年】の一年を成功へ導くカギとなります。

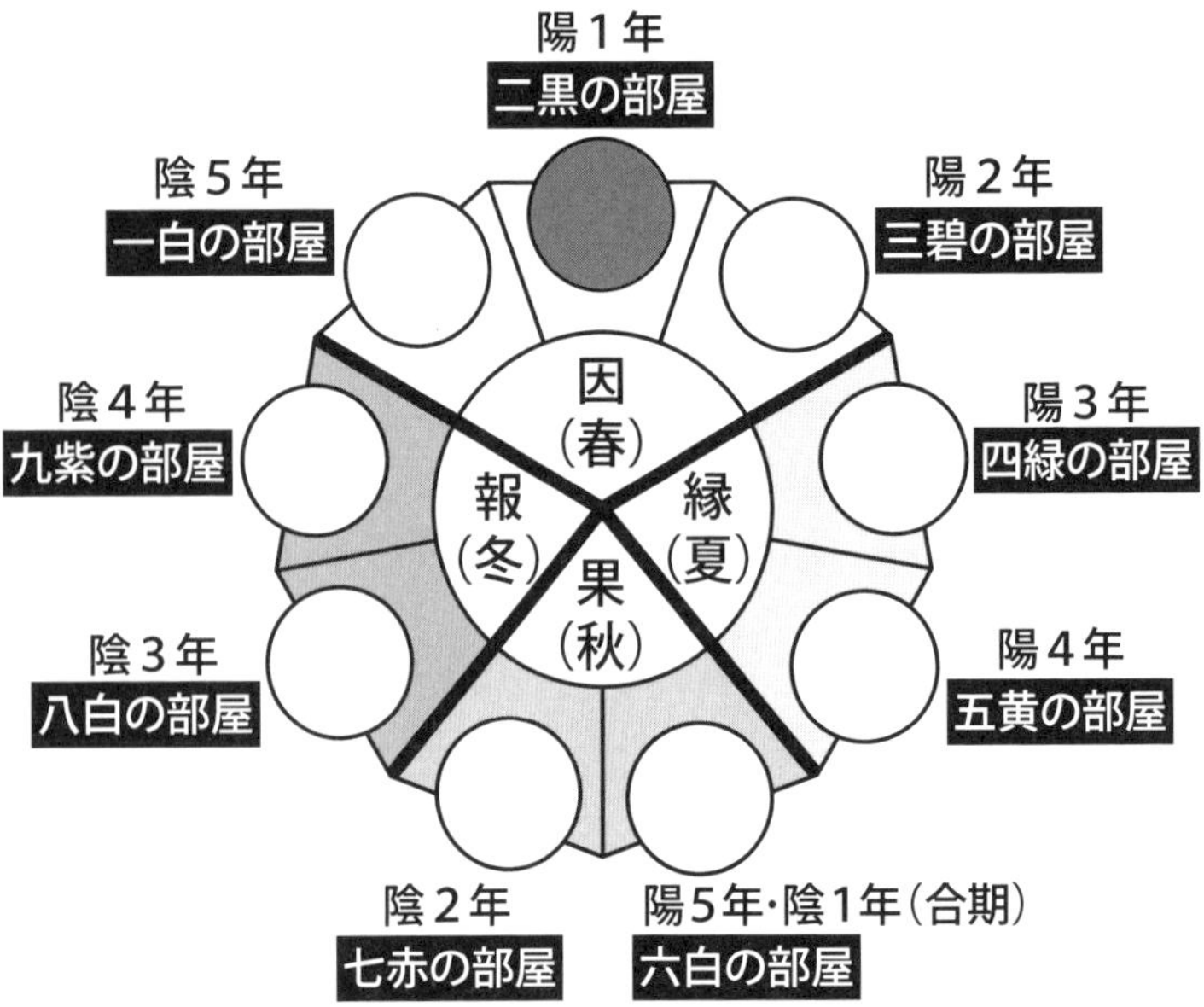
陽1年
二黒の部屋
陽2年
三碧の部屋
陽3年
四緑の部屋
陽4年
五黄の部屋
陽5年・陰1年（合期）
六白の部屋
陰2年
七赤の部屋
陰3年
八白の部屋
陰4年
九紫の部屋
陰5年
一白の部屋
因（春）
縁（夏）
果（秋）
報（冬）

そして、重要なことがもうひとつ。

もし、あなたがいま「二黒の部屋」にいるならば、可能な限り、「大地の二黒人」と接してみてください。なぜなら、【陽1年】において、あなたがお手本（先生）にすべきは、365日、その特性を磨いている〝大地の二黒人〟だからです。

著名人はもちろん、身近な人でもいいです。「大地の二黒人」が書いた本を読むでもいいですし、講演会を聞きに行くでもいいのです。見習うべき「大地の二黒人」を見つけ、その人の思考や行動を参考にするだけでも、失敗やミスのない、充実した【陽1年】をすごすための「心構え・行動の指針」としてのヒントが必ずあるはずです。

ぜひ、そのヒントを学び、強運に満ちあふれた最高の【陽1年】を過ごしましょう。そして、「大地の二黒」としての素晴らしき人間性も、この1年で身につけてください。

【陽1年】の「二黒の部屋」にいる人は、何事も『**縁の下の力持ち**』の精神でいることが大切です。【陽1年】のイメージは迎えたばかりの「春」です。ここは物事の始まりの時期です。経営者であれば、新事業を始めるにはもってこいのタイミングです。

ただし〝**飛ばしすぎ**〟**には注意が必要**です。この【陽1年】にいる人は、まだ冬眠明けの状態です。視界は完全なる良好ではありません。うっすらと進むべき道が見えているだけなのです。

たとえば、新事業を計画したとしましょう。ここで、利益追求に焦って、〝飛ばしすぎ〟てしまうとどうなるか？

進むべき道の全体像が見えていないだけでなく、事業成功のための地固めもできていないのですから、長い目で見て成功するはずがありません。

お客様が企業を選ぶこの時代。最初から利益重視で突き進む事業はもろいものです。一時的な利益は手に入るでしょうが、すぐに（お客様）に魂胆を見透かされ、事業が軌道に乗ることは難しいでしょう。

だからこそ、この【陽1年】で行うべきことは、新しく始める物事（事業）の「**地固め**」なのです。主義主張を前面に出すのではなく、「あなた（お客様）の生活を支えるために、私は新しく物事（事業）を始めます！」といった気持ちを打ち出していくことが何より大切です。

「**縁の下の力持ち**」精神で周囲と向き合い、これから行うことの根本的な目的やミッションをきちんと伝えていくことが、【陽1年】の時期では必要となります。「縁の下の力持ち」精神に徹することで、〝お客様からの信頼〟をも得られるのです。「二黒の部屋」にいる人は、目上の人の意見には〝素直に従う精神〟が大切です。

「坤（こん）は元（おお）いに亨（とお）る。牝馬の貞（てい）に利（よ）ろし」（『易経』より）という言葉にあるように、牝馬の純情さは、まさに大地の徳の証。【陽1年】の「二黒の部屋」にいる人は、この『坤（こん）』の精神を大切にしなければなりません。『坤（こん）』は大地の意味。あらゆるものを育て上げます。これは、新しく始める物事（事業）を育成することも含みます。

しかし、植物でも穀物でも、何かを育てるとき、必ず必要なものがありますよね？

そうです。水や天の恵みといった太陽の光です。これらがなければ育ちません。この「水」や「太陽の光」というものは、人間の成長でたとえると、経験を積み、智恵を得た目上の人からのアドバイスや指導です。

新しい物事を始めるにあたっては不慣れなことも多く、迷いが生まれるのも当然でしょう。だからこそ、謙虚に目上の人の意見やアドバイスに素直に従うことが大切なのです。

【陽1年】の「二黒の部屋」にいる人は、とにかく目上の人の意見や話に、いつも以上に耳を傾け、見聞を広めてください。そして、仕入れた情報やアドバイスを素直に取り入れてみてください。そうすることで、物事はスムーズに進んでいくはずです。

この「二黒の部屋」にいる人にとって、一番大切なのが『見返りを求めない』精神です。ここでは、損得勘定で物事を推しはかってはいけません。すべては〝**無償の愛情**〟を持って、未来への投資をしていくことが大切になります。

「二黒の部屋」にいる人が見習うべきは「大地の二黒人」。「大地の二黒人」の一番の使命は母なる大地のように、人々にやさしさと愛情を提供することです。これがとにかく大事なのです。物事（事業）を新しく始めるということは、それに関しては、まだ信頼も実績もないはずです。物事（事業）を軌道に乗せるためにも、まず何よりも大切な信頼を得ることから始めましょう。

『見返りを求めない』精神での行動は、人の心に根深い信頼をもたらします。「本当に自分を想ってくれている」と、人は感じるからです。そうなると、この先どうなるのか？

心理学の世界でも**「返報性の法則」**（＝人は何かしらの施しを受けた際に、お返しをしなくてはいけないという感情がわく）というのがありますが、まさに、あなたの与えた愛情が、何らかの形で、数年後、必ず返ってきます。

私もこれまでコンサルティング先で、「二黒の部屋」にいる経営者には、「とにかく、今年は利益を考えるな！奉仕の精神で実行すべきだ！」と言い続けてきました。口を酸っぱくして言い続けた結果、奉仕の精神を守り続けてきた経営者らは、みんな、数年後に多くの顧客をつかみとり、事業の基盤を確固たるものにしています。

もし経営者のあなたが今年「二黒の部屋」にいるなら、まだ遅くはありません！

奉仕の精神を大切に、事業計画を考え直してみてください。いま、たくさんばらまいた愛の種は、必ず素敵な花を咲かせるのです。

三碧の部屋

「雷の三碧の部屋」（以下、「三碧の部屋」）です。ここは『〝強運を呼ぶ〟9code（ナインコード）占い』においては【陽2年】にあたります。

「三碧の部屋」にいるときのあなたに与えられた命題は多々ありますが、特に注力して欲しいポイントは3つです。

●やるか？　やらないか？　悩んだら実行（行動）すること！

●流行（はやり）を敏感に察知すること！

●ゼロから1を生み出すを常に意識すること！

この3つは「雷の三碧人」の特性です。そして、彼らが自分の人生を好転へと導くために大切にすべきポイントでもあります。「三碧の部屋」にいる人は〝雷の三碧の特性〟を意識した心構えを持って、行動すること。それこそが、【陽2年】の一年を成功へと導きます。

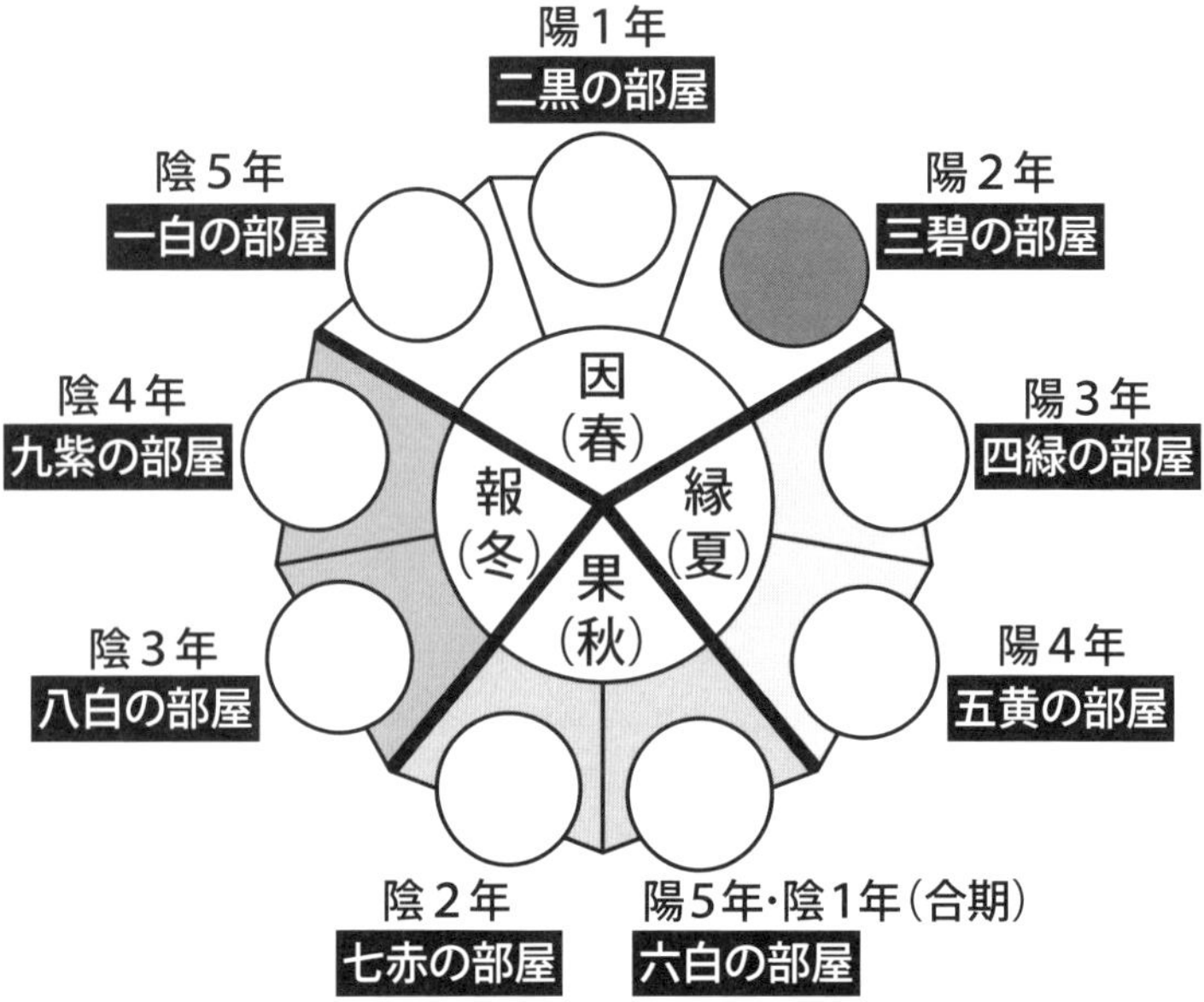

陽1年
二黒の部屋
陽2年
三碧の部屋
陽3年
四緑の部屋
陽4年
五黄の部屋
陽5年・陰1年（合期）
六白の部屋
陰2年
七赤の部屋
陰3年
八白の部屋
陰4年
九紫の部屋
陰5年
一白の部屋
因（春）
縁（夏）
果（秋）
報（冬）

そして、もし、あなたがいま「三碧の部屋」にいるならば、可能な限り、「雷の三碧」の人と接してください。なぜなら、【陽3年】において、あなたがお手本（先生）にすべきは、365日、その特性を磨いている〝雷の三碧人〟だからです。著名人はもちろん、身近な人でもいいです。「雷の三碧人」が書いた本を読むでもいいですし、講演会を聞きに行くでもいいのです。見習うべき「雷の三碧人」を見つけ、その人の思考や行動を参考にするだけでも、失敗やミスのない、充実した【陽2年】をすごすための「心構え・行動の指針」としてのヒントが必ずあるはずです。ぜひ、ヒントを学び、強運に満ちあふれた最高の【陽2年】を過ごしましょう。そして、「雷の三碧」としての素晴らしき人間性も、この一年で身につけてください。

【陽2年】の「三碧の部屋」で決してやってはいけないこと。それが『悩むこと』です。前の年の「二黒の部屋」で物事の始まりとしての下地を育ててきました。ここでは、あなたが思い描いたことを実行する年なのです。「三碧の部屋」の特性は、〝**物事の躍進**〟です。いわば、9年に一度だけしかやってこない、「二黒の部屋」で撒いた種（物事）が躍進する一年なのです。

「二黒の部屋」で、見返りなき愛情をこめた種まきを行ってきた人は、胸の内に、願望としての〝やりたいこと〟〝実現したいこと〟が芽生えていると思います。それはもちろん利益をきちんと考慮したものでしょう。

ただ、「うまくいくか不安だ・・・」と思う気持ちが邪魔をして、なかなか行動に移せないという人が多いのです。お気持ちはわかります。「二黒の部屋」で積み上げたものを、壊してしまうのかもしれないという不安もあるでしょう。でも、ここはハッキリ言わせてください。

この【陽2年】、つまり「三碧の部屋」にいるあなたは、いいと思ったことは何でも実行してほしいのです。

なぜ自信を持って言えるのか？　理由は2つあります。

ひとつ目は「三碧の部屋」にいるあなたを強運に導くテーマが、〝**行動力**〟だからです。勇気を持った行動こそが強運をもたらす三碧の波動を受ける一年ですから、あなたが行動を起こすならば、そこには強いエネルギーが生まれます。そのエネルギーにこそ人は魅了され、心を動かされるのです。

二つ目は、もしあなたが「二黒の部屋」で自分の始めた物事（事業）の目的意識やミッションを無私奉公の精神で伝えていたとして、その物事（事業）がここまで存続できていたとすれば、あなたの気持ちとしての想いは、顧客に必ず伝わっています。

その意思の下での〝行動〟ですから、自信を持っていいのです。すべての人を相手にするのではなく、自分の想いに賛同してくれる顧客（お客様）を大切にする。これも経営の基本です。

この「三碧の部屋」では、あなたは【陽2年】としての上昇気流に乗っているのですから、あとは勇気を持って〝行動〟するだけです。大きな「躍進」はこの1年間にかかっています。悩んでいる暇などないのです。

「三碧の部屋」にいるあなたは、物事（事業）の方向性に悩んだら、いまの流行（はやり）に目を向けてください。「雷の三碧人」だけでなく、「三碧の部屋」にいる人は、流行を敏感に感じ取れる能力に長けています。「流行なんかに惑わされてたまるか！」と反骨精神を持つ人もいると思いますが、流行ひとつで数億円のマーケットも生まれる現代ですからバカにはできません。

その時代に適合した〝**魔法のエッセンス**〟が加わり、あなたが始める物事（事業）が活気あるモノに化けます。今なら人気ＳＮＳの「インスタグラム」の流行にちなんで、商品づくりを手掛けるならば、どれかひとつの商品に「インスタ映え」（見栄えがいい、オシャレに見える）を狙った商品を狙ってみるなど、方法はいくらでもあるはずです。

「三碧の部屋」にいる人は流行（はやり）を逐一チェックして、これから始めることに応用できないかをぜひ考えてみてください。時流に乗るカギは流行を理解しているかどうかです。「ゼロから1を作る」。これが「三碧の部屋」いる人が大切にしなければいけないことです。

これは、〝**新しいものを生み出す**〟ということであります。何事に挑戦するにも、「何か新しいエッセンスを取り入れられないか？」を常に意識することが重要となります。三碧の波動を受ける【陽２年】では、インスピレーションが働きやすい一年でもあります。アイデアがわいたら、それを実践する気構えを持つことが成功への近道です。

そして創作物を考えるうえで大切なのが、自己満足にならずに、**世のため人のための精神**でモノづくり・サービスづくりをしていくことです。

それはなぜでしょうか？

そのワケは、三碧の部屋で生まれるアイデアやひらめきは、正義感も入り混じった〝**人のため**〟という概念が入ることで、輝きを増し、社会から受け入れられるからです。

「雷の三碧」の代表として、あの幕末の志士〝坂本龍馬〟がいます。日本の未来を憂い、雄弁な言葉で周囲に刺激を与えながら倒幕を実現に導いた人物です。彼は、ひらめいたのです。国を守り救うためには、「脱藩」しかないと。脱藩は、当時ではありえない大胆すぎる決断です。彼の〝人〈国〉のため〟という正義感が脱藩を決意させたのでしょう。

また、龍馬の名言である、「日本を今一度洗濯し候（そうろう）」にもあるように、既成概念を一度ゼロにして、新秩序としてのイチ（1）を作ろうという意味で「洗濯」を用いたのも、「雷の三碧」ならではといえましょう。

風の四緑の部屋

「風の四緑の部屋」（以下、「四緑の部屋」）です。【陽3年】にあたります。「四緑の部屋」にいるときのあなたに与えられた命題は多々ありますが、特筆すべきポイントは3つです。

●縁をつなぐのキューピットでありましょう！

●幅広い交際を心がけましょう！

●「人・モノ・金・情報」を循環させましょう！

この3つは風の四緑人が磨くべき特性です。そして、彼らが自分の人生を好転へと導くために大切にすべきポイントでもあります。「四緑の部屋」にいる人は、この3つだけはしっかり押さえてください。

〝風の四緑の特性〟を意識した心構えを持って行動すること。それこそが、【陽3年】の一年を成功へと導きます。そして、もし、あなたがいま「四緑の部屋」

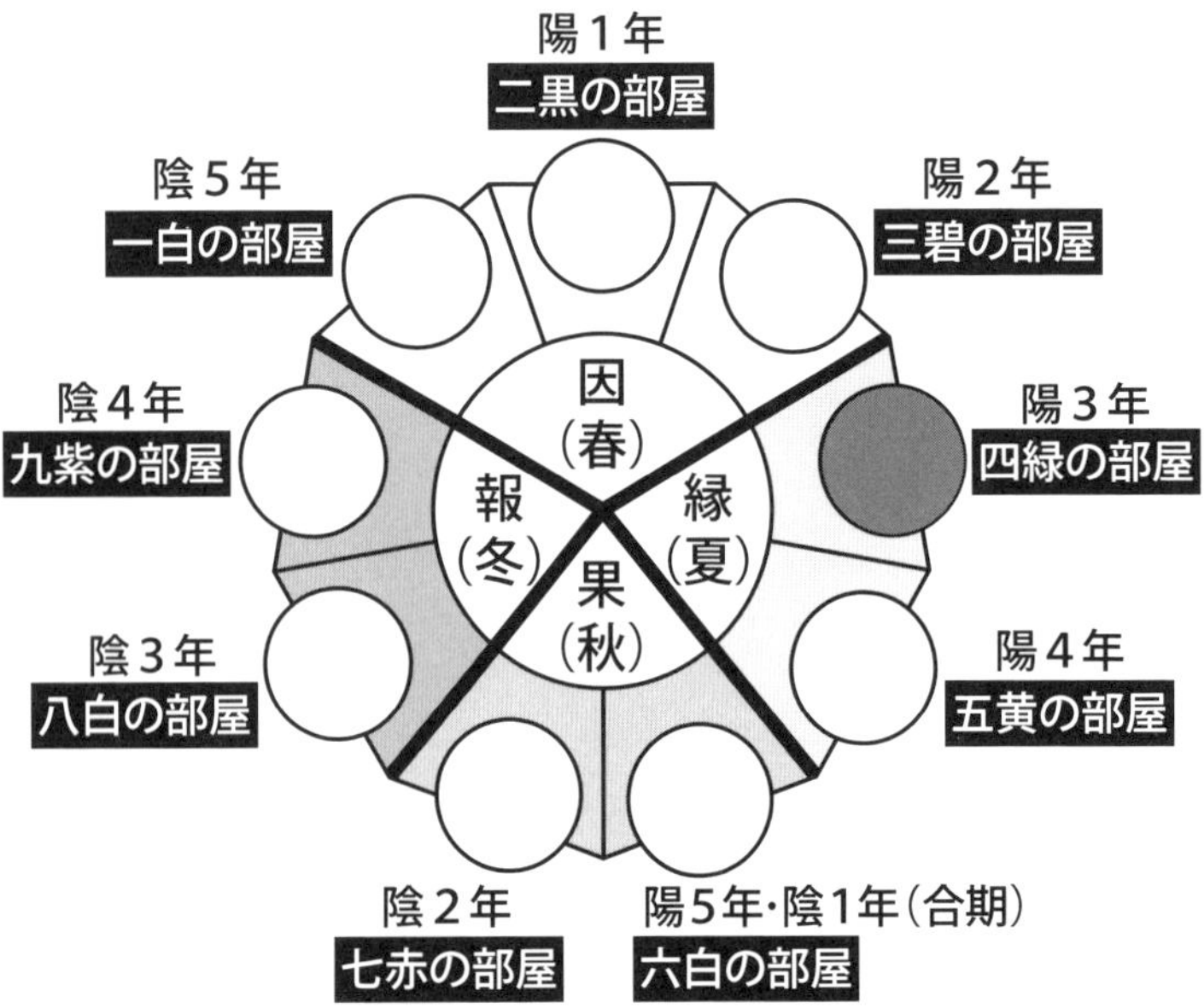
陽１年
二黒の部屋
陽２年
三碧の部屋
陽３年
四緑の部屋
陽４年
五黄の部屋
陽５年・陰１年（合期）
六白の部屋
陰２年
七赤の部屋
陰３年
八白の部屋
陰４年
九紫の部屋
陰５年
一白の部屋
因
（春）
縁
（夏）
果
（秋）
報
（冬）

にいるならば、可能な限り、風の四緑の人間と接してください。なぜなら、【陽3年】において、あなたがお手本（先生）にすべきは、365日、その特性を磨いている「風の四緑人」だからです。著名人はもちろん、身近な人でもいいです。「風の四緑人」が書いた本を読むでもいいですし、講演会を聞きに行くでもいいのです。

見習うべき風の四緑を見つけ、その人の思考や行動を参考にするだけでも、失敗やミスのない、充実した【陽3年】をすごすための「心構え・行動の指針」としてのヒントが必ずあるはずです。ぜひ、そのヒントを学び、強運に満ち溢れた最高の【陽3年】をすごしましょう。そして、「風の四緑」としての素晴らしき人間性も、この一年で身に着けてください。

【陽3年】の「四緑の部屋」にいる人の大きな使命は、人の縁をつなぐことです。まさに、縁をつなぐキューピット役といったところでしょうか。「二黒の部屋」で撒いた種が、「三碧の部屋」で（あなたの行動力によって）新たなカタチとして新芽となりました。次にやるべきことは、その芽を伸ばすための〝水やり〟です。この〝水やり〟という行為。あなたは何をイメージしますか？

たとえば、あなたが新事業を開始したとします。一定の顧客と信頼関係も深められ、画期的なサービスもひらめき、実行へと移す段階にきました。さて、次にあなたが、売上を向上させるに行うべきことは何でしょうか？

そう！　顧客の数を増やすことです。仕事でもプライベートでも、この「四緑の部屋」にいる年に、あなたが真っ先に考えるべきことは〝人との縁〟をつなぐことなのです。これこそが〝水やり〟という行為なのです。

この年にどれだけ〝人との縁〟をつないだか。それが人生の分かれ道となります。経営者ならば、数年後の売上に大きく響いてくるでしょう。「四緑の部屋」にいるということは、「風の四緑」に課せられたテーマに沿った思考と動きこそが、【陽3年】の一年を充実したものにし、あなたの強運を後押しすることになります。

「風の四緑」最大のテーマは人と人との縁をつないでいくことですから、この部屋（風の四緑）にいる人は、もし自分の行動に迷いが生じた場合、どうやったら『人と人を結びつけられるか?』『人との関わりを強化できるか?』『お客さんとのつながりを増やせるか?』を第一に考えてください。この年でつないだ〝人との縁〟は、翌年以降に様々な形であなたの目の前にやってきます。ビジネスであれば、これが顧客創造につながり売上に直結するのです。

この部屋（四緑の部屋）にいる人は、普段はあまり接しないような人とも積極的な交流を心がけてください。幅広い交流こそが、【陽3年】を充実した一年にします。**特に遠方の人との縁は大切です。**「風の四緑人」は、自分が風になったかのように世界中どこまでも流れるように旅することが強運をもたらすカギとなります。

もしあなたがビジネスにおいて、いずれは海外展開も視野に入れているとすれば、この【陽3年】の「四緑の部屋」にいるときに、その第一歩を踏み出しましょう。現地の情報収集でもいいですし、現地での人脈づくりでもいいのです。遠方（海外）とのつながりの基盤を、この一年でしっかり築き上げましょう。考え方や行動に迷ったら、まずは、「遠方（海外）との縁をつなぐ」ことを念頭に置いて、動き出してみることが大切です。それが、次の年の【陽4年】の強運につながります。「人・モノ・金・情報」そのすべてを循環させることを、「四緑の部屋」にいる人は心がけてください。風はたくさんのものを運び、巻き込んでいきます。

これができるということは、人との交流がさかんである証となります。大事なポイントとしては、循環させる際には〝平等の精神〟を持つことです。私見が入り、偏った方向だけへの循環はいけません。たとえば、お金を寄付するとしても、一団体だけに偏った寄付はやめましょう。自分で寄付をする団体をいくつか見極め、より多くの人が幸せに、豊かになるためにはどういう寄付のカタチを取るべきかを冷静に考えてみてください。なぜなら、「風の四緑」の特性を生かすには、平等の精神が重要になるからです。

あの本田技研工業の創始者である本田宗一郎も「風の四緑人」。本田宗一郎は「仕事をやっているときは、社長も平社員も平等」と語り、常に人間の平等性を主張し、その精神に則った経営をしてきました。だからこそ、偉大な成功をおさめられたのです。

とにかく【陽3年】である「四緑の部屋」にいる人は、あなたという〝風〟でまわりのすべてが幸せに豊かになるように、物事を円滑に循環させることを心がけてみましょう。そうすれば、あなたを見るまわりの目もきっと変わるはずです

ガイアの五黄の部屋

「ガイアの五黄の部屋」（以下、「五黄の部屋」）です。

【陽4年】にあたります。「五黄の部屋」にいるときのあなたに与えられた命題は多々ありますが、特に注意すべきポイントは3つです。

●不屈のパワーで戦い抜きましょう！
●自分の想いをカタチにしましょう！
●「創造と破壊」！　何事もゼロベースで物事を考えよう！

この3つは、「ガイアの五黄人」が磨くべき特性です。そして、彼らが自分の人生を好転へと導くために大切にすべきポイントでもあります。「五黄の部屋」にいる人は、この3つだけはしっかり押さえてください。〝ガイアの五黄の特性〟を意識した心構えを持って、行動をとること。それこそが、【陽4年】の一年を、成功へと導きます。そして、もし、あなたがいま「五黄の部屋」

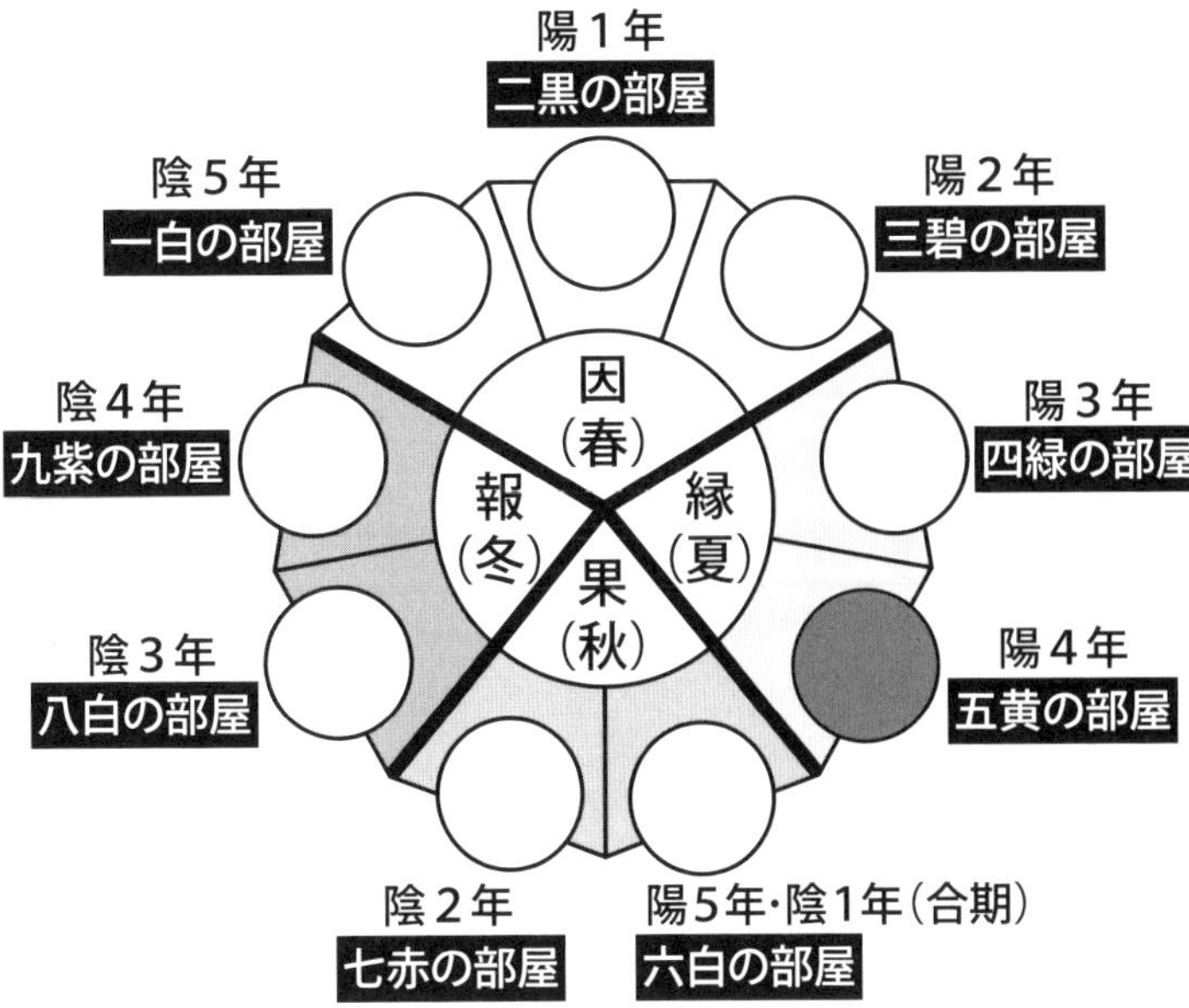
陽１年
二黒の部屋
陽２年
三碧の部屋
陽３年
四緑の部屋
陽４年
五黄の部屋
陽５年・陰１年（合期）
六白の部屋
陰２年
七赤の部屋
陰３年
八白の部屋
陰４年
九紫の部屋
陰５年
一白の部屋
因（春）
縁（夏）
果（秋）
報（冬）

にいるならば、可能な限り、「ガイアの五黄人」と接してください。なぜなら、【陽4年】において、あなたがお手本（先生）にすべきは、365日、その特性を磨いている「ガイアの五黄人」だからです。著名人はもちろん、身近な人でもいいです。「ガイアの五黄人」が書いた本を読むでもいいですし、講演会を聞きに行くでもいいのです。見習うべき「ガイアの五黄人」を見つけ、その人の思考や行動を参考にするだけでも、失敗やミスのない、充実した【陽4年】を過ごすための「心構え・行動の指針」としてのヒントが必ずあるはずです。ぜひ、そのヒントを見つけて、強運に満ちあふれた最高の【陽4年】を過ごしましょう。

そして、「ガイアの五黄」としての素晴らしき人間性も、この一年で身につけてください。【陽4年】の「五黄の部屋」にいる人は、いまが9年間の絶頂期です。強力なエネルギーをまとい、不屈のパワーであふれかえっています。

【陰5年】～【陽3年】の4年間を、しっかりとそれぞれの「9code（ナインコード）」のテーマに沿っての思考と行動ですごしてきたならば、（実入りは自分の理想までいっていないにしろ）仕事もプライベートも充実感に満ちあふれ、次々と物事（事業）が成功へと近づいているでしょう。この「五黄の部屋」の一年は、今までやってきたことの〝**総仕上げの時期**〟です。

4年間で築き上げてきたことを、最高の状態に仕上げられるように努力することが大切な一年となります。この一年で失敗しやすいのが、何でもうまくいくからといって、自分の力以上のことまで手を広げてしまうことです。

この年は「五黄の部屋」にいるからこそ、強力なパワーに後押しされてはいますが、無理に自分の能力以上のことをやってしまうと、あなたの心と体はオーバーヒートしてしまいます。車のエンジンを想像してみてください。熱しすぎてオーバーヒートすると、車は走ることができません。これと一緒です。「ガイアの五黄」の強いエネルギーに影響されやすい1年だからこそ、〃やりすぎは禁物〃なのです。

「欲」も生まれやすいこの時期ですが、もし、これからの自分の行動に迷いが出たら、〃**謙虚な姿勢**〃を忘れずに、『これまで積み上げてきたことを、どう最高の状態に仕上げるか?』を一番に考えてください。すべてを一から始めなければいけないようなことは避けてください。それあなたが【陽1年】で新しい物事（事業）を始めていたとしたら、「なぜ、それを始めたのか?」「何を実現したかったのか?」を考えてみてください。

自分がもともと持っていた社会に対する想いが消えてしまうと、どういうことになるか? 「五黄の部屋」にいる人は、「ガイアの五黄」の波動を受ける年になりますから、「ガイアの五黄」の特性である、すべてのものを引きつける引力のような力があります。すべてを引きつける力というのは、『自分の社会に対する想いがどれぐらい強いか』によって、強弱が決まるからです。

想いが弱ければ、引きつける力も弱々しいものになります。逆に思いが強ければ、引きつける力は強大なものとなり、人もモノも金も情報も、どんどん集まってくるのです。「五黄の部屋」にいるあなたは、今、言葉も行動もエネルギーが強い傾向にあります。自分の想いが人に伝わりやすいのです。せっかく9年に一度の絶頂期である【陽4年】の「五黄の部屋」にいるのですから、この引きつける力を味方につけない手はありません。

今もその想いを保ち続けていますか？　この【陽4年】の「五黄の部屋」では、その想いを今一度思い出し、形にしていくことが大切になります。ここまでくるのに、【陽1年】のときとは、まわりの状況が大きく変わっているはずです。

その環境の変化から、自らの初心としての想いを忘れがちになり、自分がお金以外の何を目的として物事（事業）をやっているのかわからなくなってしまう人も多いのが、この「五黄の部屋」での特徴なのです。

「五黄の部屋」に入っている人に与えられたテーマで大切なのが、『**創造と破壊**』です。よくないものは壊し、よいものを作り上げるということ。あなたがここまで手塩にかけて育て上げたものが、もし時代にそぐわなかったり、何か不便に感じたりすることがあったら、思い切ってそれを壊してしまうことも【陽4年】の「五黄の部屋」では大切なことなのです。

勘違いしてほしくないのが、すべてを壊せと言っているわけではないということです。事業ひとつとっても、経理方法や営業方法などたくさんの仕事があります。そのどれかに何か不便を感じているのなら、手直しというレベルではなく、ゼロベースで新しいやり方を考えてみるということです。

「五黄の部屋」では、今までやってきたことの総仕上げをすることが理想ですから、無駄や不便といった部分があるならば、この一年の間に見直し、新しく作り変えてしまいましょう。そうすれば、「ガイアの五黄」の強力な運気があなたを後押ししてくれるでしょう。

天の六白の部屋

「天の六白の部屋」（以下、「六白の部屋」）【陽５年・陰１年（合期）】にあたります。「六白の部屋」にいるときのあなたに与えられた命題は多々ありますが、特に注意すべきポイントは３つです。

●自分勝手になっていけません！（慢心していませんか？）

●冷静に物事の全体を見渡しましょう！

●明るく前向きな発想をしましょう！

この３つは、「天の六白」が磨くべき特性でもあり、彼らが自分の人生を好転へと導くために大切にすべきポイントです。この部屋（天の六白の部屋）にいる人は、この３つだけはしっかり押さえてください。〝天の六白の特性〟を意識した心構えを持って、行動すること。それこそが、【陽５年・陰１年（合期）】の一年を、成功へと導きます。

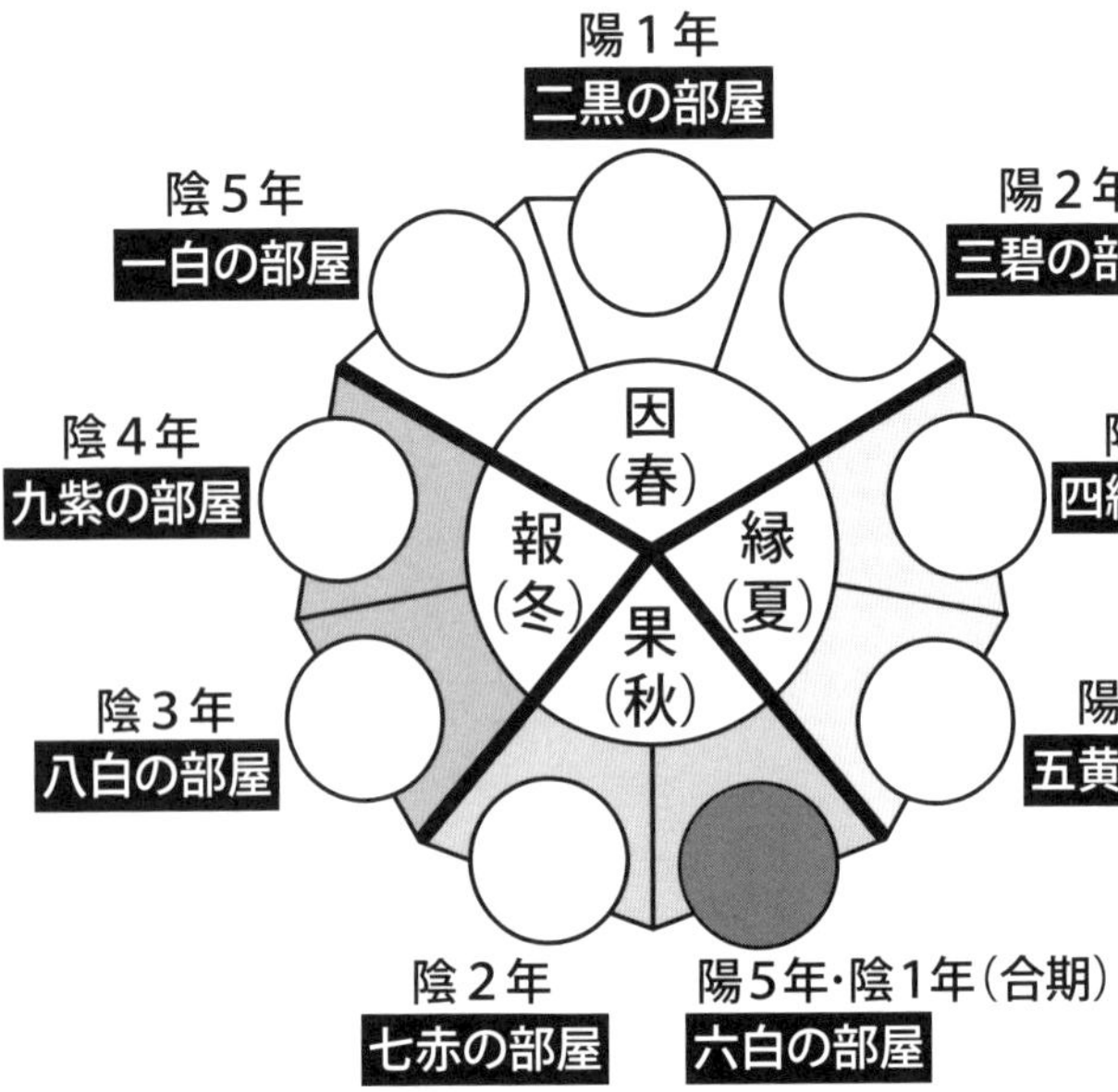
陽1年
二黒の部屋
陽2年
三碧の部屋
陽3年
四緑の部屋
陽4年
五黄の部屋
陽5年・陰1年（合期）
六白の部屋
陰2年
七赤の部屋
陰3年
八白の部屋
陰4年
九紫の部屋
陰5年
一白の部屋
因（春）
縁（夏）
果（秋）
報（冬）

そして、もし、あなたがいま「六白の部屋」にいるならば、可能な限り、「天の六白人」と接してください。なぜなら、【陽5年・陰1年（合期）】において、あなたがお手本（先生）にすべきは365日、その特性を磨いている「天の六白人」だからです。著名人はもちろん、身近な人でもいいです。「天の六白人」が書いた本を読むでもいいですし、講演会を聞きに行くでもいいのです。見習うべき「天の六白人」を見つけ、その人の思考や行動を参考にするだけでも、失敗やミスのない、充実した【陽5年・陰1年】を過ごすための「心構え・行動の指針」としてのヒントが必ずあるはずです。ぜひ、そのヒントを学び、強運に満ちあふれた、最高の【陽5年・陰1年（合期）】を過ごしましょう。

そして、「天の六白」としての素晴らしい人間性も、この一年で身につけてください。【陽5年・陰1年】の「六白の部屋」で重要なのは、いかに冷静にまわりを見ることができているかです。

この年からは、ただがむしゃらに勢いに乗ってやればよいというわけではありません。前の年はエネルギーさかんな「五黄の部屋」にいたのですから、火照った体と心を少し冷却する必要があります。だてに【陰】の要素が「六白の部屋」からあるわけではないのです。

前年の「五黄の部屋」では物事（事業）の総仕上げの時期でした。では、今年の「六白の部屋」では、総仕上げしたものが現在どう転がっているか？どう機能しているか？　周囲からどう思われているか？　それらを自分の主観だけではなく、全体を見て、冷静にジャッジメントしてみてください。

湖の七赤の部屋

「湖の）七赤の部屋」（以下、「七赤の部屋」）です。【2年】にあたります。「七赤の部屋」にいるときのあなたに与えられた命題は多々ありますが、特に注意すべきポイントは3つです。

●とにかく会話を楽しみましょう！
●情報を流すことを第一の使命としよう！
●人にはいつも以上にやさしくしましょう！

この3つは、「湖の七赤」が磨くべき特性でもあり、彼らが自分の人生を好転へと導くために大切にすべきポイントです。「七赤の部屋」にいる人は、この3つだけはしっかり押さえてください。湖の七赤の特性〟を意識した心構えを持って、行動をとること。それこそが、【陰2年】の一年を成功へと導きます。そして、もしあなたがいま「湖の七赤の部屋」にいるならば、可能な

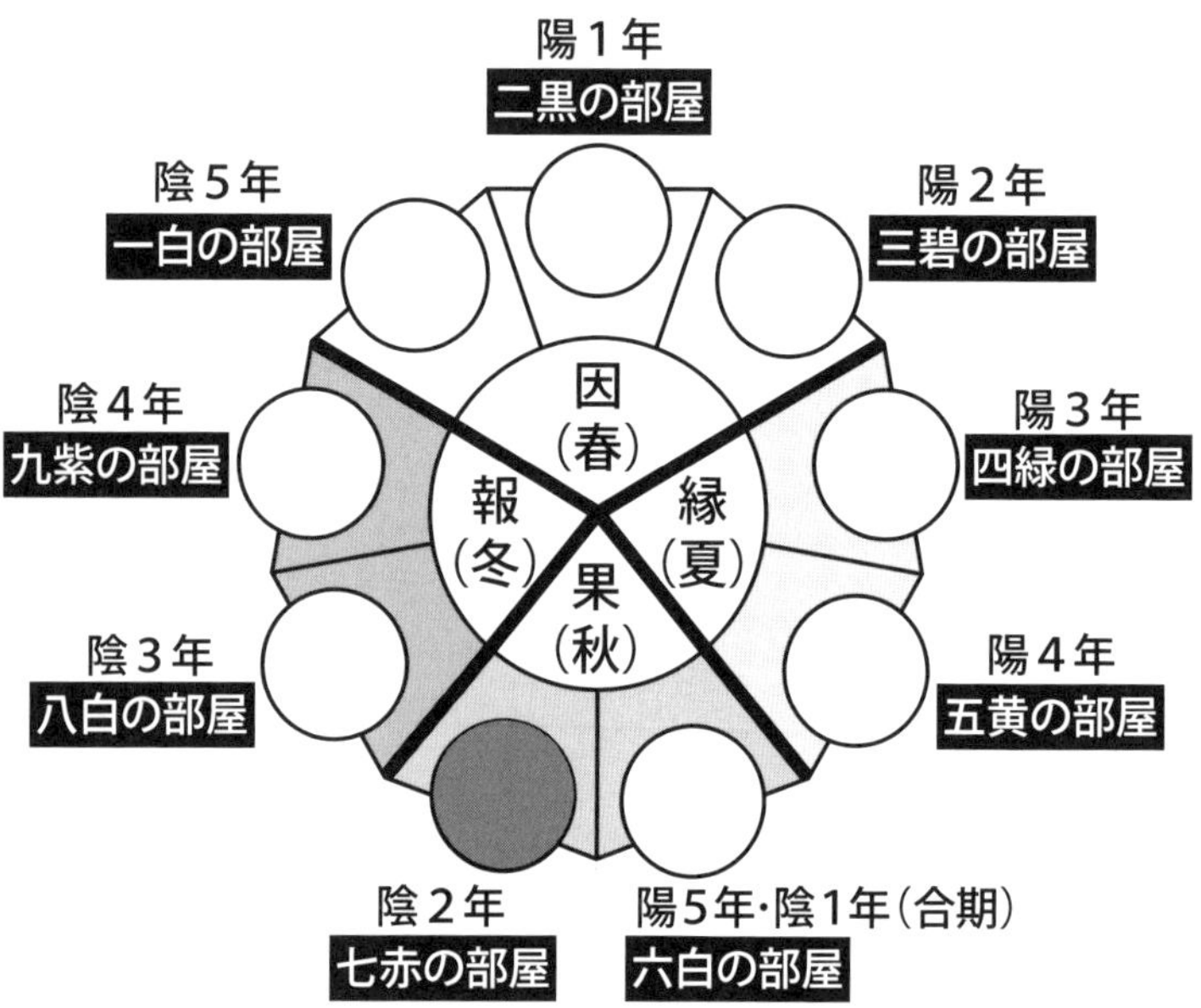
陽1年
二黒の部屋
陽2年
三碧の部屋
陽3年
四緑の部屋
陽4年
五黄の部屋
陽5年･陰1年（合期）
六白の部屋
陰2年
七赤の部屋
陰3年
八白の部屋
陰4年
九紫の部屋
陰5年
一白の部屋
因
（春）
縁
（夏）
果
（秋）
報
（冬）

限り、「湖の七赤人」と接してください。なぜなら、【陰２年】においてあなたがお手本（先生）にすべきは、３６５日、その特性を磨いている「湖の七赤人」だからです。著名人はもちろん身近な人でもいいです。「湖の七赤人」が書いた本を読むでもいいですし、講演会を聞きに行くでもいいのです。見習うべき「湖の七赤人」を見つけ、その人の思考や行動を参考にするだけでも、失敗やミスのない、充実した【陰２年】を過ごすための「心構え・行動の指針」としてのヒントが必ずあるはずです。ぜひ、そのヒントを学び、強運に満ちあふれた最高の【陰２年】を過ごしましょう。そして、「湖の七赤」としての素晴らしい人間性も、この一年で身につけてください。

【陰２年】の「七赤の部屋」にいる年は、とにかく会話を楽しみましょう！「七赤の部屋」にいる人は、「湖の七赤」の波動を受けます。「湖の七赤」のテーマは「兌為澤（だいたく）」です。これはつまり、「口」に関する特性を生かす使命があるということです。とにかくたくさんの人と、会話を楽しむこととを心がける。これだけで強運への道は拓けます。

普段は人の集まりにあまりいかない人でも、この「七赤の部屋」にいる年だけは積極的に集まりに参加しましょう。ここで周囲の人たちを、会話を通じて楽しませることができれば、あなたの人格（人間力）はひと回りもふた回りも磨かれたことになります。ですから、経営者ならば、この年に限っては、大口の顧客に、社長自らが営業をするのも有効な手段です。

9年に一度の、社交性にあふれる会話力を磨く一年です。社長の人柄を周囲に会話コミュニケーションを通じて知ってもらうための時期でもありますので、重要な一年です。

『商品やサービスを売りたいなら、まずは自分の人間性を売れ！』

これが、「七赤の部屋」でのキーポイントです。

次の【陽】の時期からの新事業にもこれは必ず活きてきます。

会話を楽しんで、社交性を磨く一年であることを忘れず、毎日を過ごしていきましょう。もしかしたら、お手本にすべきはお笑い芸人かもしれません（笑）。

この年「七赤の部屋」にいる人間がやるべきもうひとつの大事な要素。それが**『すべての流れを作る』**ことです。湖に流れ込む水は、また外へ流されていきます。このイメージのように、「人・モノ・金・情報」を人から人へ伝えていくことが大切です。自分の考え方、自社の商品・サービスなど、どんどん広めていくことを心がけましょう。

「口」＝「会話」で人を楽しませるのが使命だと前述しましたが、『情報を流す』ということになると、手段は「口」だけではありません。ブログやSNS、書籍、雑誌、ポスター、チラシ、芸術作品など、伝える手段はたくさんあります。

山の八白の部屋

「（山の）八白の部屋」です（以下、「八白の部屋」）。【陰3年】にあたります。「八白の部屋」にいるときのあなたに与えられた命題は多々ありますが、特に注意すべきポイントは3つです。

●物事を受け継ぐ（継承）する精神を持ちましょう！
●不動心で、どしっと構えましょう！
●イノベーションの気構えを持ちましょう！

この3つは「山の八白」が磨くべき特性でもあり、彼らが自分の人生を好転へと導くために大切にすべきポイントです。「八白の部屋」にいる人は、この3つだけはしっかり押さえてください。〝山の八白の特性〟を意識した心構えを持って、行動すること。それこそが、【陰3年】の一年を成功へと導きます。

そして、もし、あなたがいま「八白の部屋」にいるならば、可能な限り、「山

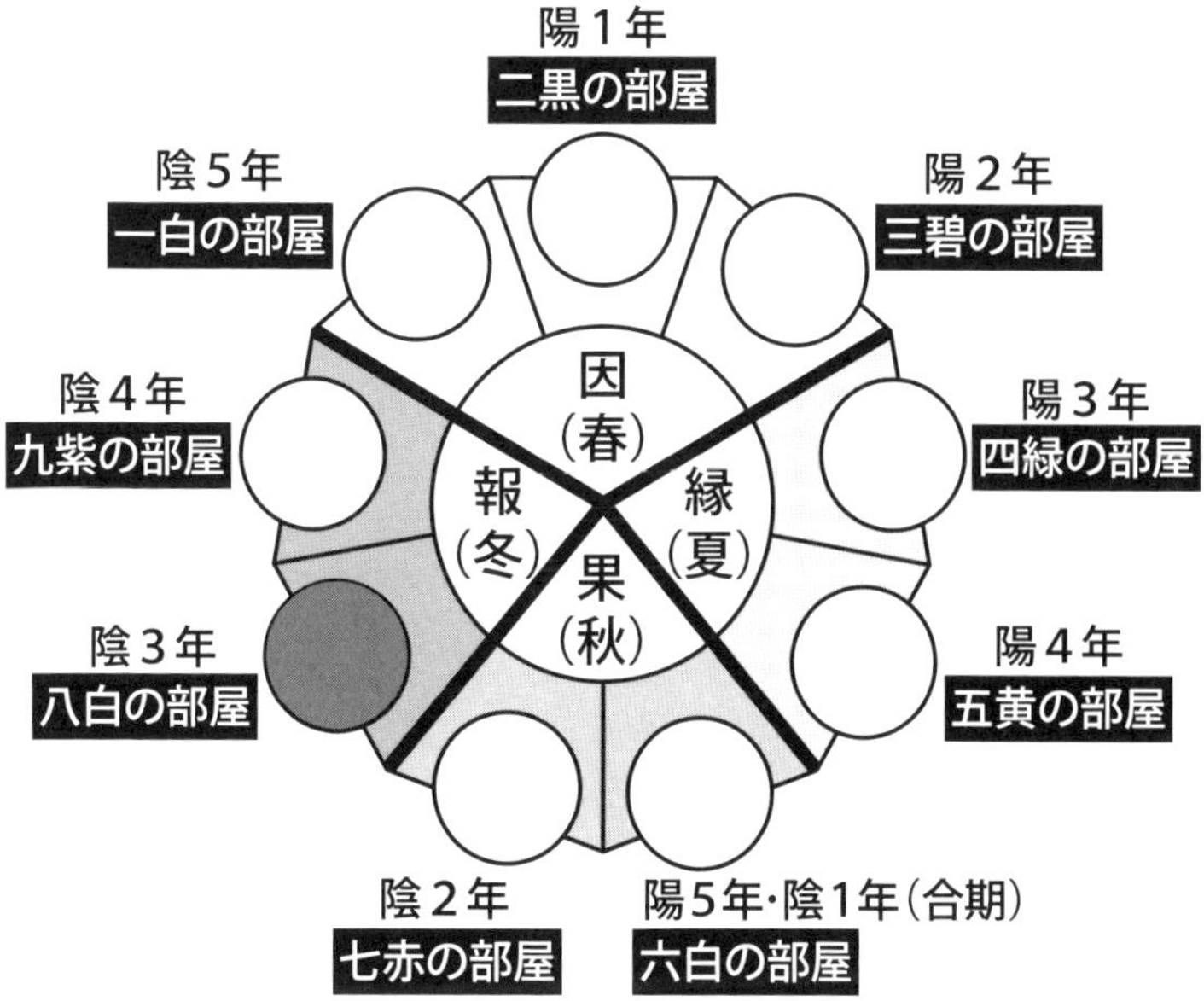
陽１年
二黒の部屋
陽２年
三碧の部屋
陽３年
四緑の部屋
陽４年
五黄の部屋
陽５年・陰１年（合期）
六白の部屋
陰２年
七赤の部屋
陰３年
八白の部屋
陰４年
九紫の部屋
陰５年
一白の部屋
因
（春）
縁
（夏）
果
（秋）
報
（冬）

の八白人」と接してください。なぜなら、【陰3年】において、あなたがお手本(先生)にすべきは、365日その特性を磨いている「山の八白人」だからです。著名人はもちろん、身近な人でもいいです。「山の八白人」が書いた本を読むでもいいですし、講演会を聞きに行くでもいいのです。見習うべき「山の八白人」(本書にたくさん掲載しています)を見つけ、その人の思考や行動を参考にするだけでも、失敗やミスのない、充実した【陰3年】を過ごすための「心構え・行動の指針」としてのヒントが必ずあるはずです。ぜひそのヒントを学んで、強運に満ち溢れた最高の【陰3年】を過ごしましょう。

そして、「山の八白」としての素晴らしい人間性もこの一年で身につけてください。【陰3年】の「八白の部屋」にいる人のテーマのひとつは「受け継ぐ」精神を持つことです。

社長の二代目候補などが「八白の部屋」にいるとしたら、この一年は継承のチャンスです。この年は、「山の八白」の波動を受けます。

山はいつもどっしり構えているように、「八白の部屋」にいる人も、精神的に安定している傾向が強い時期です。ですから、安定のした会社経営のために今何が必要なのかを、冷静に見つめ直すことができるはずです。

そして、「受け継ぐ」は会社に限ったことではありません。家庭も同じです。実は、「八白の部屋」にいるときは霊感が敏感になるとされています。山にはいくつもの神社・仏閣がありますよね？　山には霊的なパワーが存在するのです。そういった背景からも「八白の部屋」にいるときは、霊的な影響を受けやすいのです。

これは家庭で言えば、ご先祖様にあたります。継承していくという気性からも、ご先祖を敬っていくこと。これが重要になります。「そんなこと直接、ビジネスには関係ないないのでは？」と言いたくなる人もいるとは思います。しかし、この先祖や神様を敬い、信仰する行為は大切です。

松下幸之助は、自分の会社に神社を建て、雨の日も風の日も、祈り続けました。こういった感謝の気持ちを込めた祈りは、無意識に周囲にも伝染し、あなたの人徳を上げます。この「八白の部屋」にいる1年だけは、継承していくという気構えと感謝を、決して忘れないようにしてください。

お墓参りや神社・仏閣への参拝を積極的に行いましょう。この一年は、「不動心」を大切にしてください。新しいことは極力控え、これまで培ってきたことの持続とその延長戦の事柄・ビジネスに集中すべき年です。山は常に不動です。その精神を見習うのです。

この時期は自分のこれまでを振り返る時期でもあります。精神面を大きくして、次の【陽】の時期を迎えられるように〝人間味〟をアップさせるよう心がけましょう。何かビジネスチャンスがあったとしても、いまは【陰3年】です。イケイケの【陽】の時期ではありません。冷静に「今やるべきことなのか？」を判断し、ほぼ間違いなくイケる！　と思ったとき以外は、新しいチャレンジは控えるべきでしょう。

「新しいチャレンジ」については、ひとつ例外があります。もしあなたが【陰2年】の「七赤の部屋」にいたとき、自分にとっての〝実りの秋〟が迎えられなかったとします。さらには、今の自分の立場や仕事に大きな不満を感じていたとしたら・・・。話は変わってきます。

「八白の部屋」にいる時期は、山の八白の象徴である「山」の存在意義を考える一年です。山は不動にして堂々としていますが、ときに大きな地殻変動を起こします。そうです。「噴火」です。「八白の部屋」にいるあなたが、何も結果を得られず、現状に大きな不満をいただいているのならば、ここで噴火という名の、強い意志での『革命＝イノベーション』を起こすときなのです。

ここで注意してほしいのが、いま順風満帆の人は無理に『革命』を起こす必要はありません。歴史を見ても、意思の伴わない『革命』には誰も賛同しませんよね。それと一緒です。無理なイノベーションはご法度です。

ここで起こした『革命＝イノベーション』は、噴火のごとく、強いエネルギーとなります。来年にくる【陰4年】の「九紫の部屋」での一年にも活きてきますので、大いに奮い立ってください。

周りの人が驚くぐらいのコトをやるのは、「八白の部屋」にいるときがベストです。周囲への感謝の気持ちも忘れなければ、必ず、あなたを後押しして支えてくれる人も現れます。がんばってみてください。

火の九紫の部屋

「(火の)九紫の部屋」(以下、「九紫の部屋」)です。【陰4年】にあたります。「九紫の部屋」にいるときのあなたに与えられた命題は多々ありますが、特に注意すべきポイントは3つです

●芸術など「美意識」を何より大切にしましょう!
●相手を勇気づけることを使命としましょう!
●創作活動に力を入れましょう!

この3つは「火の九紫」が磨くべき特性でもあり、彼らが自分の人生を好転へと導くために大切にすべきポイントです。「九紫の部屋」にいる人は、この3つだけはしっかり押さえてください。〝火の九紫の特性〟を意識した心構えを持って行動すること。それこそが、【陰4年】の一年を、成功へと導きます。そして、もし、あなたがいま「九紫の部屋」にいるならば、可能な限り「火

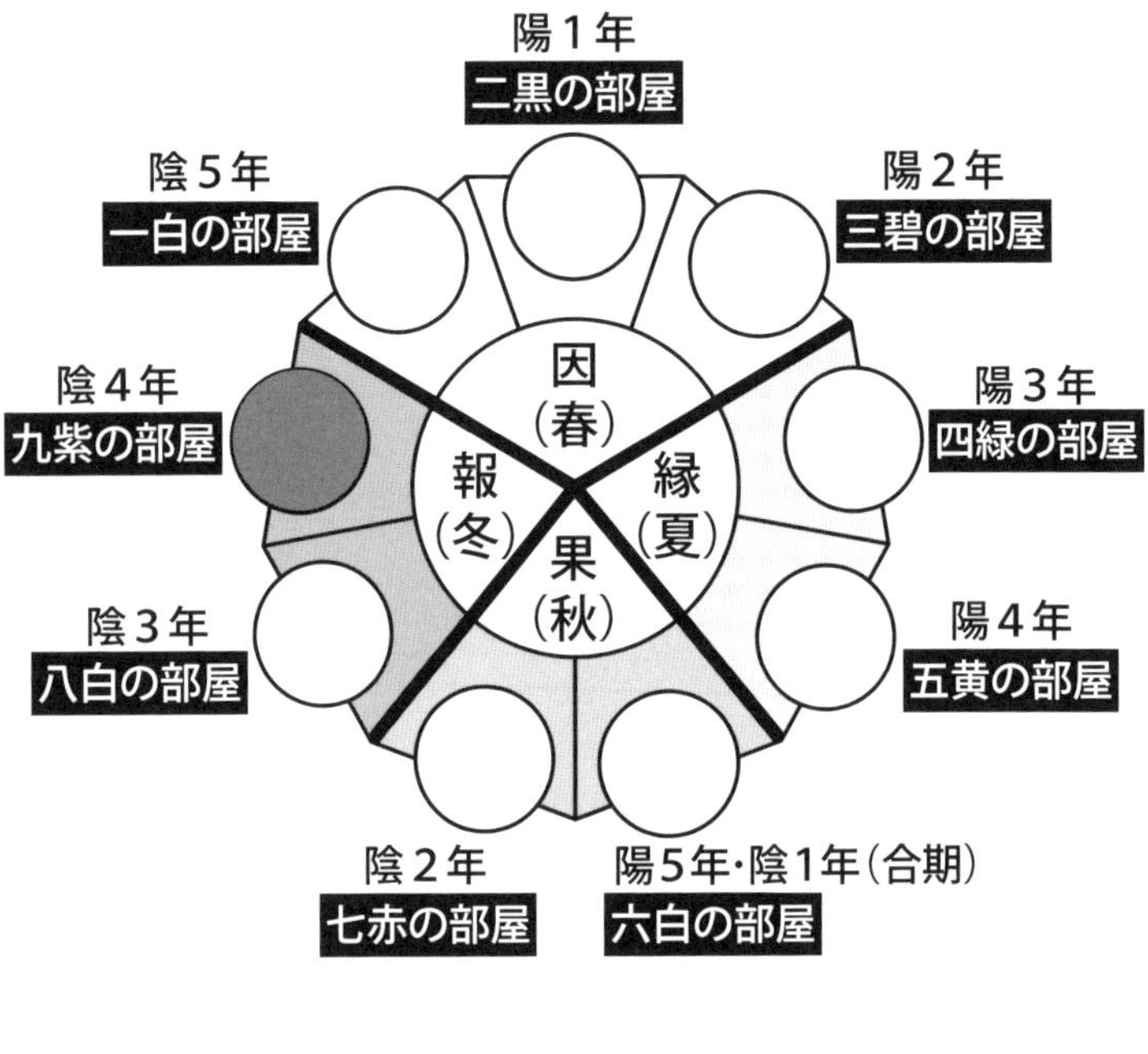
陽1年
二黒の部屋
陽2年
三碧の部屋
陽3年
四緑の部屋
陽4年
五黄の部屋
陽5年・陰1年（合期）
六白の部屋
陰2年
七赤の部屋
陰3年
八白の部屋
陰4年
九紫の部屋
陰5年
一白の部屋
因（春）
縁（夏）
果（秋）
報（冬）

の九紫人」と接してください。なぜなら、【陰4年】においてあなたがお手本（先生）にすべきは、365日その特性を磨いている「火の九紫人」だからです。著名人はもちろん、身近な人でもいいです。「火の九紫人」が書いた本を読むでもいいですし、講演会を聞きに行くでもいいのです。見習うべき「火の九紫人」を見つけ、その人の思考や行動を参考にするだけでも、失敗やミスのない、充実した【陰4年】を過ごすための「心構え・行動の指針」としてのヒントが必ずあるはずです。ぜひ、そのヒントを見出し、強運に満ちあふれた最高の【陰4年】を過ごしましょう。

そして、「火の九紫」としての素晴らしい人間性も、この一年で身につけてください。【陰4年】の「九紫の部屋」ではビジネスでもプライベートでも、「美意識」を大切にすることが大切です。なぜなら、「九紫の部屋」にいる一年は、他の「9code」（ナインコード）の部屋よりも、感性がすぐれる年になるからです。「九紫の部屋」は「火の九紫」の波動を受けるため、「火の九紫」の特性でもある〝美的センス〟に敏感になります。この美的センスをビジネスにも追及することができれば、周囲の注目を一気に受けるようになります。

ただし、すぐに美的センスが向上するわけではありませんので、この年には普段から美術館などに向かい、美意識を高める訓練をしましょう。そうすることで、感性が磨かれやすくなるのです。もし、あなたが商品を製造販売していたとしたら、今まで考えもしなかった画期的なデザインも生まれる可能性も高いでしょう。どんどん芸術に興味を持ち、**「美意識」**を高め、人々を魅了するデザインを、自身の生活の中に取り入れていきましょう。

「九紫の部屋」にいる人の大事な命題。それは人を勇気づけることです！九紫は「火」を象徴しますが、別にもう一つ「太陽」も象徴します。太陽はいつも暗闇を明るく照らし、人々に希望をもたらします。

それと同じで、この年のあなたは人々に希望という灯を与えることが命題なのです。まったくの新しいことの種まきは、再来年の【陽1年】の時期にやったほうがいいのですが、今やっているビジネス・事業につながるものであれば、この「九紫の部屋」にいる年にやっても大丈夫です。

その際には、いかに人々（お客様）に**希望**を与えられることができるかを第一に考えて、「九紫の部屋」にいる時期ならではの創造性を発揮していきましょう。

そして、あなたの太陽のような情熱で、まわりの人の心をぽかぽかと温めることもできれば、この部屋での行いは最高です。

春夏秋冬＝因縁果報

さあ、それぞれの「バイオリズム」、「部屋」でやるべきことやってはいけないことがわかりましたか？

人間の【バイオリズム】にも、「春夏秋冬」のサイクルがあることをお話ししましたが、今回は、そのサイクルに付随した、「因縁果報《いんねんかほう》」の法則をお伝えしましょう。

※人生での因果の法則を中国哲学では「遁甲（とんこう）」と言います。

春・夏・秋・冬の４つのカテゴリに大きく分割し、これに人生の法則の「因・縁・果・報」をあてはめていくのです。すると、「春夏秋冬」と「因縁果報」の間には、以下のような関係性が生まれます。

●春＝因（いん）
●夏＝縁（ねん）
●秋＝果（か）
●冬＝報（ほう）

それぞれの季節で、「因縁果報」の対応するものが異なっているのです。実はこの関係性、詳しく紐解いていくと、とても興味深く、面白いことがわかるのです。

「春夏秋冬」
「因縁果報」

どちらも物事が**「変化しながらめぐる」**という意味があります。そして、物事には必ず〝原因と結果〟があるのです。

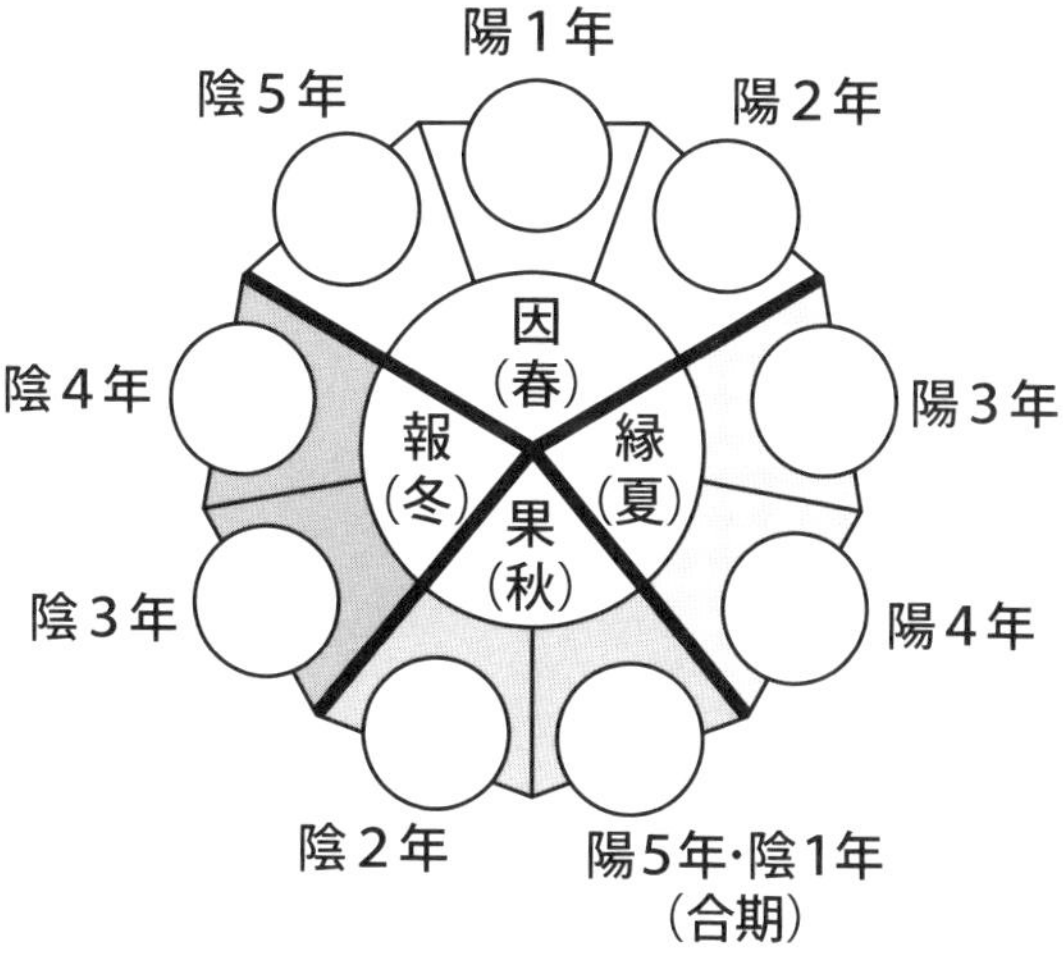

ひとつ例を出しましょう。たとえば、「コスモス」の花がいまあなたの目の前に咲いていています。コスモスといえば「秋桜」と書き、品種にもよりますが、夏の終わりから秋にかけて咲く花です。

では、なぜコスモスの花畑は、あなたの目の前に咲いているのでしょうか？まさか空からそのまま花が降ってきたわけではありませんよね？（笑）

そうです。春に種をまき、夏に水と栄養をあげて育てたからこそ、秋の季節になって、花畑に可憐に咲くわけです。〝春の種まき〟という「因」があってこそ、〝夏の育成〟という「縁」が生まれます。それがあって初めて、〝可憐な花が咲く〟という「果」があるのです。

花がひとつ咲くのにも、しっかりと始まりと終わりという区切り、原因と結果という物事の現象のサイクルがあるというわけです。これが、「春夏秋冬」と「因縁果報」の法則です。わかりやすく「花」でたとえましたが、実はビジネスでも同じです。

●自分の【バイオリズム】が春の時期に、新規事業を始めるための土台を組み立てます（春としての種まき）。
●真夏が近づくにつれ、人脈を作ったり、事業を軌道に乗せるために試行錯誤したりして改善を繰り返します（夏の育成）。
●秋になり、ようやく事業としての結果が出てきます。先行投資した分も戻り、利益も生まれます（秋の収穫）。
●そして、さらなるサービス向上と利益を求めて、足りない部分がなかったか反省をし、来春からの動きを見つめ直します（冬の学び）。

このサイクルがないと〝事業の成功〟という〝結果〟はありえないのです。それぞれ【バイオリズム】は、春夏秋冬いずれかの季節に属しています。そして当然、四季は必ず移り変わるように、まるで時計が回るように、自分の【バイオリズム】における季節の位置も毎年変わっていくのです。

この「因縁果報」の考え方がすばらしいのは、【バイオリズム】に沿って、成功のプロセスを歩めるだけではありません。いまの自分は、あの時の自分、あの時の協力者、あの時の仲間の助け（励ましの言葉）、その他、さまざまがあったからこそ存在すると、すべてに〝**感謝の気持ち**〟を持つことができるようになることで、人として成長することもできることに大きな意義があります。何でもかんでも、当たり前ではありません。すべてはつながっています。誰かが愛情を持って、自分に接しているからこそ、充実して、さびしくない〝いま〟があるのです。

私たちの心と体は、9年間で成長を繰り返しています。春だからこそそのチャレンジのとき。夏だからこその活発化のとき。秋だからこそ得るとき。冬だから体を休めるとき。9年間、このリズムに沿うことがとても大切なのです。あなたが自分の季節が冬のとき〝はじまりの種〟を撒いても、その種は成長しません。種は春に撒くからこそ、夏に成長し、秋に収穫できるのです。【バイオリズム】において、最も人間が活発化している時期を【陽4年】といいます。ここは夏真っ盛りです。人が開放的になれ生き生きと毎日を楽しくすごしている時期です。2023年に【陽4年】の位置にいるのは、「風の四緑」です。

ですから、「風の四緑」のあなたは、仕事でも、プライベートでも、事業でも、自分のやりたいことや夢に向けて〝がむしゃらに動くべき時〟なのです。動けば動くほど結果が後についてきやすい時期なのです。ここでゆっくり休んだり行動を起こさなかったりすると、それは「時を間違えた」ということになります。ここで頑張ったら2年後に訪れる、収穫の【陰2年】の未来で、多くの財産（人脈・もの・金・資本など）が得られるのに、もったいないですよね。

「時を間違える」とミスという失敗の概念だけでなく、本来〝得られるはずだった成功〟を逃してしまうといった、未来のチャンスと希望をも潰してしまうことになるわけです。

同じ【陽4年】にいる人でも、頑張った人、頑張らなかった人。動いた人、動かなかった人。私はこれまで、ジャーナリストとして、千人以上を取材しながら観察してきました。本当に面白いことに、その〝差〟は、経営者ならば、2年後に数字としてしっかりと表れているのです。

私のクライアントのSさん（製造業・社長）は、社長自ら全国各地動きまわり、新規開拓に力を入れた結果、年商が3倍になりました。一方で、現状に満足していたのか、何もたいして動かなかったMさん（飲食店・店長）は、売上が上がるどころか、前年比5％の売上ダウンでした。

2人の能力としてのレベルはほとんど同じように感じていたため、時を生かせたか？　生かせなかったか？　そこがハッキリと明暗を分けた例だと、私は実感しています。

間違った【バイオリズム】の使い方は、失敗を生むだけではありません。近い将来、2倍、3倍と、仕事や事業の成果を向上させる、〝成功へのキップ〟も失うことになるのです。ぜひ、いま自分はどの【バイオリズム】の位置にいるのかを確認してみてください。

種まきの春なのか？
成長の夏なのか？
収穫の秋なのか？
心身を休める冬なのか？

明るい未来にするためにも、しっかりと把握して、その時期に合った行動をしてください。本書を活用して、人生における失敗（ミス）を激減し、幸せで豊かな未来を創ってほしい。それが、私の願いです。

バイオリズムのポイント

●【陽1年】～【陰5年】の意味を知る
●「陰年」はマイナスを意味しない。陽年は「動」、陰年は「静」をイメージする
●陽年期は自分のエネルギーを社会に向けて使うアウトプット期
●陰年期は自分の内面を磨くために使うインプット期
●「春夏秋冬」「因縁果報」のリズムを知る

おわりに

ここまで、「時読み®」の最も基本的なことを書いてきましたが、理解は深まりましたでしょうか？

古代の偉人、烈士の言葉。

「時を得るものは栄え、時を失うものは滅ぶ」。

世界には文明が終わった国がたくさんあります。ギリシャ、ローマ、中国、過去には一時代を築き、豪華絢爛だった文明が脆くも崩壊してしまうことがあります。原因は国同士の戦いや政治など様々ですが、全ての根本は「時」を味方につけられなかったことにあります。

攻める時、守る時。全てはタイミング次第で、その成果が決まります。

わかりやすい例で言うと、２０２０年。新型コロナが流行り、国民は外出ができなくなりました。こんな時に、「さあ、これから飲食店を開こう」「レジャー産業をはじめよう」といって成功しますか？　ほぼ間違いなく失敗しますよね。極端な例ですが、時を味方につける、時を読むとはこういうことです。

もし２０２０年に新型コロナが流行ると事前に知って、国民が外出できない生活が続くと知っていたら、今のあなたが２０１９年にタイムスリップしたらどうしますか？　インドア向けのビジネスをするもよし、動画配信の事業をするもよし、コロナで儲けた企業の株を買い漁るもよし。未来の豊かさを掴むための準備がたくさんできましたよね。

時を味方につければ、未来を先読みすることができます。そうなれば、不可能と思えるような人生逆転やビッグな挑戦も、わずか数年で成功を手中に収めることができてしまうのです。

２０２０年は「湖の七赤」。「エンタメ動画の一時代がくる！」と知っていたので、２０１９年のうちに会社独自の動画プラットフォームを一千万円かけて準備していました。これがまさに成功して、２０１９年中は大した利益も出ませんでしたが、２０２０年５月から大ヒット。会社に繁栄をもたらしてくれました。

時を味方につければ、あなたもビッグなビジネスチャンスを掴めるのです。私は何度も時読みに救われました。

時を読んで、時を味方につけて、人生を繁栄させるか。

時を読まずに、時に逆らって、たった一度の人生を棒に振るか。

どちらをあなたは選びますか？　当然、前者ですよね。

人は裏切っても、時は裏切りません！（笑）

本書であなたは、時読みの術を知ってしまいました。未来を読み解く魔術を身につけたのです。もう迷うことはありません。正しい未来予想図を広げて、今こそ、勇気を持ってたくさんのことにチャレンジしてください。

あ、そうそう。バイオリズムも忘れないでくださいね。

【バイオリズム】に関して、一番大きな学びは、私自身が【バイオリズム】を知らずに勢いで勝負した事業で失敗したことがきっかけでした。

これから先、人生を大いに楽しむ方も、事業やビジネスで成功しようとする方も、自分の「【バイオリズム】」に逆らってチャレンジしても、成功率は高くはありません。

ましてや時期を間違うと、体を壊したり、お金を失うこともあります。これでは、あまりにもったいないのです。【バイオリズム】も、世界最古の『易経』をベースにした人間関係統計学です。参考にしてくださいね。

それでは、このへんで今回は筆を置かせてもらいます。

少しでも時読みをもっと学びたいと思った方は、２０２４年11月23日の「時読み講座２０２５」に参加してくださいね。会場参加だけでなく動画でも販売していきます。

私が、４時間の熱い講義で、２０２５年に起きる全ての出来事をあなたに教えます。正しい動き方も教えますので安心してください。

あなたの未来が時読みによって、豊かになること願っています。

中野　博

感謝と御礼

このたびはクラウドファンディングへのご支援ありがとうございます！

皆様のご支援があって、本書を出版することができました。

心よりお礼を申し上げます。

還暦を迎えた中野博はますます邁進します！

これからも、どうぞよろしくお願いします！

中野　博

緒方秀行 様
宮城恵子 様
干川広樹 様
生島 正 様
尾﨑桂子 様
角田 淳 様
藤村洋一 様
渕名康太 様
上木孝司 様
薗奈津子 様
大坂結唯 様
Naomi Oda 様
長野伸三 様
倉石ルーク 様
森嶋昌子 様
内藤光代 様
tomohisamori 様
桐島誠二 様
松田順子 様
平野洋一 様

杉山保子 様
喜多一嗣 様
上原正也 様
大きく造る 様
玉城智子 様
西みゆき 様
きたがきけいたろう様
水野肇 様
森永芳子 様
土居皇子 様
宇田川長幸 様
幸田直也 様
堺本卓哉 様
池野 弘 様
池野堅太 様
岩﨑秀存 様
小野勝秋 様
三好貴之 様
大沼松代 様
荘司典昭 様

※ここに掲載した方は書籍掲載の許諾をいただいた方のみ掲載しています。

延藤茂之　様
佐々木晋輔　様
阿久津誠　様
高橋佳津子　様
吉田千代子　様
株式会社ウエヤマ上山三義　様
舞妓を描く画家川上憲一　様

中野をこれまで支えていただいた方々に感謝します。

坂本洋平　様
中野芳男　様
中野龍子　様
坂本龍馬　様
織田信長　様
豊臣秀吉　様
徳川家康　様
聖徳太子　様
チェ・ゲバラ　様
ナポレオン　様

ソクラテス　様
プラトン　様
アリストテレス　様
こども新党一同様
国づくり甲子園一同様
時読み®倶楽部一同様
ナインコード認定講師一同様
時読みマスター一同様
中野塾塾生一同様
健康大学塾生一同様
投資家倶楽部一同様
YouTube銀の盾チーム一同様
エコライフメンバー一同様
エコハウス推進協会一同様
エコリフォーム実践会一同様
中野博ファンクラブ一同様
中野博を大統領にする会一同様

※ここに掲載した方は書籍掲載の許諾をいただいた方のみ掲載しています。

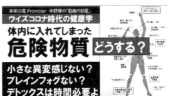

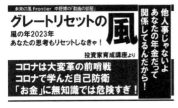

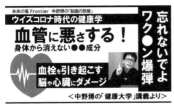

【中野博プロフィール】

七福神（7月29日）愛知県生まれ
早稲田大学商学部卒業。ジャーナリスト、実業家、投資家。
ノースウエスタン大学ケロッグ経営大学院ブランディングエグゼグティブコースを修める。ハーバードビジネス経営大学院で経営学を学び、銀座MBA大学のヒントを得る。

（株）デンソー（DENSO）にて社会人デビュー。その後、（株）フォーインにて自動車産業の調査研究員（株）住宅産業研究所にて調査研究員を務める。サラリーマン人生は7回転職で7年間

- 1992年、国連地球環境サミット（ブラジル）に公式参加し各国首脳に取材。環境ビジネスコンサル会社として1997年にエコライフ研究所設立。日本初の環境と経済を両立する事業構築提案を880社以上に行う。
- 2003年、未来予測學問『時読み®』と人間関係統計学『ナインコード®』を開発し、これらをベースとしての帝王學をリーダーたちに教えるとともに、企業の人材開発コンサルとして1,000社以上を指導。
- 2011年、帝王學を学ぶ「信和義塾大學校」を創設。国内45拠点に加え、アメリカ、カナダ、シンガポール、タイなど世界各地に教室を設け「時読み®学」「ナインコード®」などの帝王學を教え続ける。
- 2019年、未来生活研究所を設立し「中野塾」を主宰しながら投資家倶楽部、時読み倶楽部、各種講座活動を開始。
- 現在自らの経験を集大成した自己能力開発「引力の魔術」を提唱。次代を担う人材育成に邁進している。
- 投資家として多くのアーティストを支援し続けてNFTアート美術館をネット上に構築（おそらく日本人としては最大のコレクターであり美術館運営者）

日本のメディチ家を作るために2022年「投資家倶楽部」を開校。ジャーナリストとして世界の人脈から得た最高峰の投資情報をもとに、140人の仲間たちとともに投資家としての実践を行う。

チャンネル登録者369万人（3チャンネル合計）超え（2024年7月集計）のユーチューバー。ニュースの裏側やジャーナリストとして業界の闇を暴くネタを毎日アップ。

また、独自の情報発信プラットフォーム（未来の風〜フロンティア〜）も持ち、世界から仕入れた本当の情報を日々発信中。

43冊の著者（7冊が英語、中国語、台湾語、韓国語に翻訳されている）。「引力の魔術」（未来生活研究所）「こんなエコ商品が欲しい！」「エコブランディング」「グリーンオーシャン戦略」（東洋経済新報社）「あなたがきらめくエコ活」「家づくり教科書」「リフォームの教科書」（東京書籍）「強運を呼ぶナインコード占い」（ダイヤモンド社）「成功者はなぜ帝王學を学ぶのか？」「一流の人はなぜ、着物を着こなせるのか？」「人はなぜ、食べるのか？」「シックカー＠新車は化学物質で汚染されている」（現代書林）など40冊がある。
講演実績は4,500回超。メディア出演回数は1,820回。

中野博のYouTubeチャンネル【中野博の知的革命2027年】
https://www.youtube.com/channel/UC-6DVb3QQK2_2oso0RqgNWA

中野博のYouTubeチャンネル【ジャーナリスト中野博TV】
スクープ連発！現役のジャーナリスト中野博の公式チャネル
https://www.youtube.com/@Ginzanakano

中野博のYouTubeチャンネル【中野博の健康美容大学院】
https://www.youtube.com/@frontier729

中野博の人生ワクワクLINEニュース
ワクワク情報をお届けします
https://line.me/R/ti/p/@031bymob

中野博のメルマガ
登録フォームはこちらから
https://24auto.biz/gocoo59/registp/entryform3.htm

中野博@還暦までの軌跡

【中野博の世界初】
シックカーの現状を徹底的に解明した書籍は世界初の快挙！
著書『新車は化学物質で汚染されている！―シックカーは怖い（現代書林2006年11月)。この著書で世界中の自動車及び関連業界を動かす。ボルボ、ベンツとのご縁もできた。

中野博 NFT アートコレクション ――――――――
NFT アートコレクション数 1,000 点以上

【中野博の日本初（1位）】
エコハウスを全国に広げた！
シックハウスを撲滅させ、エコハウス（自然素材の家）を日本全国に3万棟以上普及させる。

環境ジャーナリストとしての連載記事　1,000 本以上(1997～2018 年)
環境ジャーナリストとしての講演回数　880 回以上（1997～2017 年)
Facebook 公式ページ　2015 年 8 月　101 万人（現在 85 万人）

【日本ギネス級記録】（当社調べ）
中野博の NFT アート美術館 ――――――――

クラファン連続挑戦7回（更新中）
（2023 年 7 月 15 日～現在）

【その他実績】（2024 年 7 月 29 日時点）
書籍　136 冊（実名 43 冊）／**講演**　3268 回（外部からの依頼）
講義　2879 回（自社主催）／**登録商標**　108（特許庁）
YouTube 動画　4800 本／**世界の旅**　56 カ国 3869 都市。地球 80 周以上を 40 年間で旅する／**教え子**　18,000 人以上
／**趣味**　救済活動、創作活動、宣伝活動
／**娯楽**　ビジネス、話す事、パーティ

金持ち還暦 貧乏還暦

2024年7月29日　初版発行

著者　中野 博

発行者　中野 博
発行　未来生活研究所
東京都中央区銀座3-4-1　大倉別館5階
電話（出版部）048-783-5831

発売　株式会社三省堂書店／創英社
東京都千代田区神田神保町1-1
電話　03-3291-2295

印刷　デジプロ
東京都千代田区神田神保町2-2
電話　03-3511-3001

表紙デザイン　株式会社花咲堂企画・薗 奈津子
イラスト　Naoko　水見美和子
編集担当　新田茂樹　乳井遼

ISBN978-4-910037-15-8

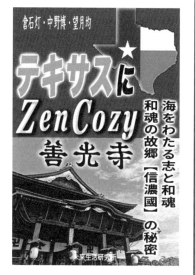